Deutsch mit Olli 3

Lesebuch

Arbeitsheft
BASIS | PLUS

erarbeitet von
Simone Eutebach, Sylvia Gredig,
Andrea Sperr, Brigitte Umkehr

mit Illustrationen von
Adja Schwietring, Petra Eimer

W0240951

Cornelsen

Inhaltsverzeichnis

3 Sachtexte 28–37

4 Fabeln 38–45

5 Spielstücke 46–49

BASIS PLUS

Buchstabentausch oder Tuchstabenbausch

1 Aus welchen beiden Wörtern besteht das Wort Buchstabentausch? Kreuze an.

☐ Bauchstaben ☐ Buchstaben ☐ Tuchstaben ☐ Bachstaben

☐ Bausch ☐ Tuch ☐ Tausch ☐ Tusch

2 Lesebuch Seite 7 Lies das Gedicht oder lass es dir vorlesen.

3 Immer ein Buchstabe ändert sich. Markiere ihn in beiden Wörtern.

Nagel → Nadel   Nadel → Nudel   Nudel → Pudel

Pudel → Nudel   Nudel → Nadel   Nadel → Nagel

4 Tausche immer einen Buchstaben aus, sodass sich ein neues Wort ergibt. Schreibe auf.

Geld → ____

Hase → ____

Bahn → ____

Macht → ____

5 Wie wird aus der Vase eine Rose? In jedem Wort darf nur ein Buchstabe verändert werden.

Vase → Nase

Nase → ____

____ → ____

____ → Rose

Wie wird der Hund zum Kind?

stimmt es wirklich dass / Die Sprachspinner

1 Zeichne die Silbenbögen ein.

Zitronenfalter   Feldhamster

Siebenschläfer   Haubentaucher

Gänsesäger   Heuschrecken

2 Lesebuch Seite 8 Lies das Gedicht **stimmt es wirklich dass**.

Finde mehr über eines der Tiere heraus. Recherchiere.

3 Lesebuch Seite 8 Lies das Gedicht **Die Sprachspinner**.

4 Welche Verben gibt es nicht? Streiche durch.

spinnen fliegen ziegen robben schaben raben pfeifen flöten kröten asseln

5 Ergänze das Gedicht.

Wenn Klappern ______

und Rasseln ______,

könnte man denken,

dass ______.

6 Überlegt euch, wie ihr das Gedicht vortragen könnt.

Zu dritt: Jedes Kind spricht eine Strophe.
Die letzte Strophe sprechen alle gemeinsam.

Eine Zeile in einem Gedicht heißt Vers.

Zu zweit: Das eine Kind liest von jeder Strophe die ersten beiden Verse, das andere Kind liest dann die Verse 3 und 4.
Die letzte Strophe sprechen beide gemeinsam.

Am Meer

1 Trenne die Wörter durch Striche |.

k i t z e l n v e r g r ä b t v e r s c h e u c h t b e s c h e n k t g e s c h u p p t e n

2 Lesebuch Seite 10 Lies das Gedicht.

3 Was ist mit dem Satz „Das Meer kommt, das Meer geht“ gemeint? Kreuze an.

☐ Die Wellen kommen und gehen.
☐ Die Vögel kommen und gehen.
☐ Der Sommer kommt und geht.
☐ Eine Sturmflut kommt und geht.

4 Kreuze die richtigen Aussagen an.

☐ Das Wasser kommt nicht bis zu meinen Zehen.
☐ Meine Füße versinken im nassen Sand.
☐ Im Meer baden die Vögel.
☐ Die Vögel fliegen vor den Wellen weg.
☐ Das Meer spült Muscheln an den Strand.
☐ Die Muscheln sind nicht glatt.

5 Was macht das Meer noch? Schreibe dein Gedicht.

Das Meer kommt,
das Meer geht.

Es ______________________

Es ______________________

____

wie es kommt
und wie es geht.

Schließe deine Augen. Stell dir vor, du bist am Meer. Was hörst du?

Der Badeschwamm

1 Lies die Wörter. Zeichne die Silbenbögen ein.

Anemonen   Knospen   Sauerstoff

Meeresgrund   zehntausend   Krill

2 Lesebuch Seite 11 Lies das Gedicht oder lass es dir vorlesen.

3 Was ist der Schwamm? Kreuze an.

☐ eine Wasserpflanze   ☐ ein Meerestier   ☐ eine Muschel

4 Beantworte die W-Fragen.

Was braucht ein Schwamm zum Leben?

Wo lebt der Schwamm?

Wie kann sich der Schwamm fortbewegen?

Wie alt können Schwämme werden?

5 Markiere die Reimwörter. Was fällt dir auf? Schreibe auf.

Ich stehe fest am Meeresgrund,
aus Knospen einst geboren.
Ich habe weder Bein noch Mund,
auch Augen nicht und Ohren.

November

1 Zeichne die Silbenbögen ein.

Schlackerwetter   Novemberspaß

durcheinanderwirbelt

2 Lesebuch Seite 12 Lies das Gedicht.

3 Was bedeuten diese Wörter?
Verbinde jeweils mit der passenden Erklärung.
Setze das Lösungswort aus den Buchstaben zusammen.

verdrießlich sein	ohne aufzuhören, ohne Ende (H)
maulen	drehen (S)
graulen	Angst machen (R)
Pracht	schlechte Laune haben (T)
zwirbeln	meckern, schimpfen (E)
ohne Unterlass	etwas besonders Schönes (B)

Lösungswort:

4 Was ist Schlackerwetter? Schreibe auf.

5 Was machst du am liebsten bei richtig schönem Schlackerwetter? Schreibe auf.

Allee im Herbst

1 Lesebuch Seite 12 Lies das Gedicht.

2 In jedem Wort ist eine Silbe zu viel. Streiche sie durch.

Alallee Herberst Luftpropostbriefe langgangsam schwebenweb Borotschaft

3 Schreibe die Wörter von 2 richtig auf.

4 Was ist mit Luftpostbriefen im Gedicht gemeint? Markiere.

Briefumschläge Herbstblätter Pusteblumen

5 Woran erkennt man, dass der Winter bald kommt?
Welche Antwort findest du im Gedicht?

- [ ] Es wird kälter.
- [ ] Die Bäume verlieren Blätter.
- [ ] Die Menschen kaufen Weihnachtsbäume.
- [ ] Alles wird grau.

die vögel am himmel

1 Lesebuch Seite 13 Lies das Gedicht.

2 Betrachte die Form des Gedichts. Warum fliegen Zugvögel in so einer Formation? Recherchiere in Sachbüchern und nutze Kindersuchmaschinen. Gestalte ein Infoblatt.

Vorweihnachtstrubel

1 Lesebuch Seite 14 Lies das Gedicht oder lass es dir vorlesen.

2 Welche Tätigkeiten kommen in der zweiten Strophe vor? Kreuze an.

☐ kaufen	☐ kochen	☐ backen	☐ rätseln	☐ naschen
☐ schreiben	☐ packen	☐ musizieren	☐ ruhen	☐ lesen
☐ genießen	☐ singen	☐ schmücken	☐ basteln	☐ flüstern

3 Was machst du gerne vor Weihnachten? Markiere in 2.

4 Unter dem Weihnachtsbaum liegt ein Päckchen Familienzeit.
Was macht ihr damit?

Winterrätsel

1 Lesebuch Seite 15 Lies das Gedicht.

2 Wer oder was ist im Winterrätsel gemeint?

____

3 Bringe die Sätze in die richtige Reihenfolge.

☐ Die Sonne scheint.
1 Es ist dichtes Schneetreiben.
☐ Der Schnee schmilzt.
☐ Das Wasser versickert in der Erde.
☐ Viel Schnee liegt auf der Landschaft.

Stringing popcorn

1. Lesebuch Seite 14 Betrachte das Bild. Überlege: Worum geht es?

2. Lesebuch Seite 14 Lies das Gedicht.

3. Ordne die Übersetzung zu. Verbinde.

Stringing popcorn	eins für den Faden
to hang on the tree,	Popcorn auffädeln,
one for the string	und zwei für mich.
and two for me.	um es an den Baum zu hängen,

4. Schreibe den deutschen Text in der richtigen Reihenfolge auf.

träum nur wenn du willst

1. Lesebuch Seite 15 Lies das Gedicht.

2. Male einen Weihnachtsbaum aus Wörtern: TANNE, STAMM, STERN, KUGEL, KERZE …

Du kannst auch ein Gedicht am Computer gestalten.

In einem Meer von Mohn

1 Wohin geht die Maus?

2 Lesebuch Seite 16 Lies das Gedicht.

3 Richtig oder falsch? Kreise die Buchstaben ein.

	richtig	falsch
Eine Maus liegt auf einer roten Rose.	B	R
Es weht ein leichter Wind.	T	L
Eine Maus rennt zwischen Blumen.	E	M
Eine weiße Maus träumt.	AU	ÄU

Setze die Buchstaben für das Lösungswort richtig zusammen.

☐☐☐☐

4 Was ist gemeint mit „einem Meer von Mohn“? Kreuze an.

☐ Mohnblumen wachsen am Wasser, damit sie nicht vertrocknen.

☐ Mohnblumen stehen am Meer, da sie die Meeresluft brauchen.

☐ Es sind so viele Mohnblumen, dass sie wie ein Meer aussehen.

5 Wovon träumt die Maus? Schreibe auf.

Die Blüten wogen. Spielt es zu zweit nach.

Der Frühling

1 Welche Aussagen passen zum Frühling? Kreuze an.

- ☐ Die Menschen bleiben zu Hause.
- ☐ In der Natur wird alles grün.
- ☐ Schafe dürfen wieder auf die Weide.
- ☐ Es werden viele Kerzen angezündet.
- ☐ Im Garten duften viele Blumen.
- ☐ Alle Fenster bleiben geschlossen.

2 Lesebuch Seite 16 Lies das Gedicht.

3 Setze die richtigen Wörter ein.

Natur | Flur | hüten | Blüten

Wie wundervoll ist die ______________!
Man sieht so viele ______________,
auch sieht man Schafe auf der ______________
und Schäfer, die sie ______________.

4 Markiere die Wörter von **3**, die sich reimen, mit derselben Farbe.
Wie heißt diese Reimform?

____

5 Flur ist ein Teekesselchen. Das Wort Flur hat zwei Bedeutungen. Finde sie heraus.

die Flur: ______________________________

der Flur: ______________________________

Finde noch mehr Teekesselchen.

Auf keinen Fall will ich ins All!

1 Lesebuch Seite 17 Lies das Gedicht.

2 Immer vier Koffer gehören zusammen.
Markiere sie in derselben Farbe.

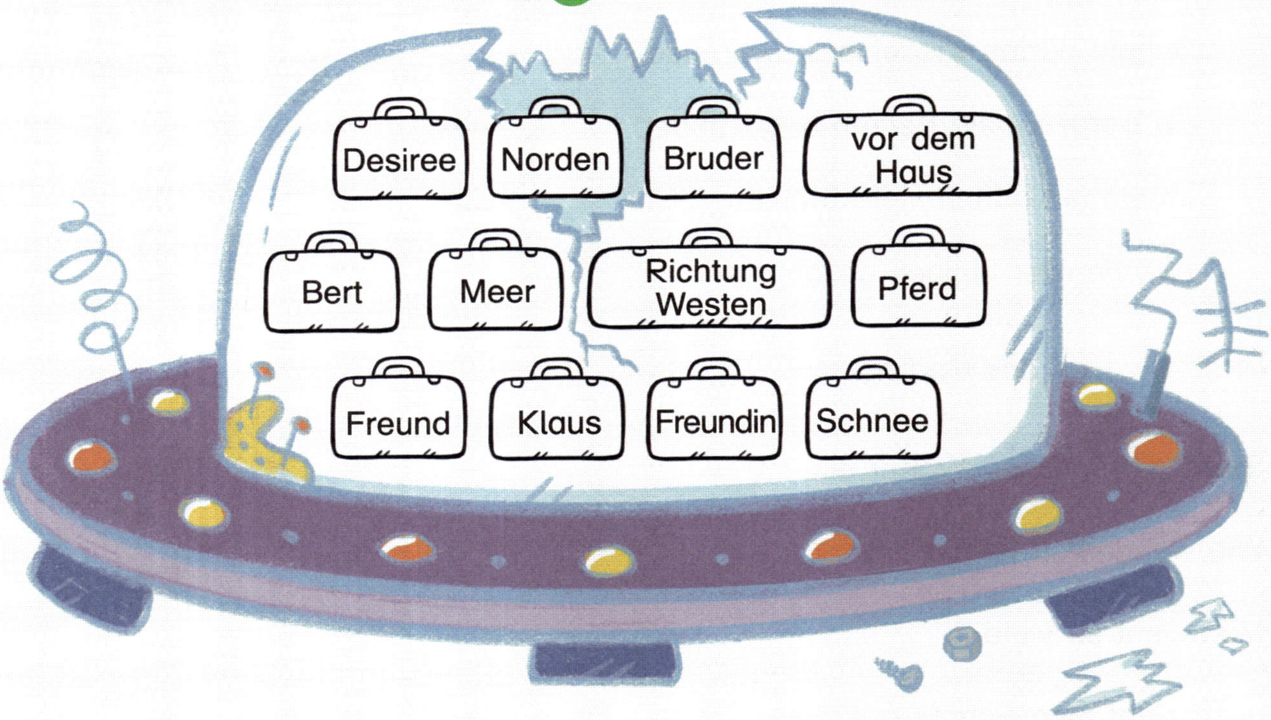

3 Beantworte die Fragen. Schreibe auf.

Mit wem möchten Lutz und Lars zum Mars?

Warum können sie nicht zum Mars fliegen?

Warum rät Papa vom Mars-Besuch ab?

4 Lesebuch Seite 17 Betrachte das Bild neben dem Gedicht.
Was passiert als Nächstes? Schreibe auf oder zeichne einen Comic.

Ferien

1. Lies die Wörter. Welche gibt es wirklich? Kreuze an.

☐ Sommerferien	☐ Sommerfirien	☐ Italien
☐ Siberien	☐ Sibirien	☐ Sommerfalien

2. Lesebuch Seite 17 Lies das Gedicht.

3. Markiere in den Reimwörtern von 1 die gleichen Endungen.

4. Erfinde noch andere lustige Ferienländer. Schreibe auf.

Australien – Sommerfalien

Brasilien – Sommerf ______

Spanien – ______

Argentinien – ______

Tunesien – ______

5. Lesebuch Seite 17 Schreibe das Gedicht weiter.

Nein, ich fahr nach ______

in meinen ______

Schreibe dein Feriengedicht auf.

Das habe ich gelernt

In deinem Lesebuch hast du viele Gedichte kennengelernt.

Kreuze an, was zutrifft.

- [ ] Ich habe Unsinns-Gedichte gelesen.
- [ ] Ich habe ein Gedicht in einer anderen Sprache kennengelernt.
- [ ] Ich habe Sachinformationen über ein Tier erfahren.
- [ ] Ich habe ein Gedicht auswendig vorgetragen.
- [ ] Ich habe durch Buchstabentausch neue Wörter gebildet.
- [ ] Ich habe mit Wörtern ein Bild gestaltet.
- [ ] Ich weiß, was ein Vers ist.
- [ ] Ich kann Paarreime und Kreuzreime voneinander unterscheiden.

Welches Gedicht hat dir besonders gut gefallen?
Schreibe den Titel und die Seite auf.

Seite

Warum hat es dir gefallen? Schreibe auf.

Gedichte-Rallye

Was stimmt? Markiere den richtigen Buchstaben und setze das Lösungswort zusammen.

1. Wie viele Hunde siehst du in dem Kapitel Gedichte?
   vier **D** fünf **L**

2. Auf welcher Seite kannst du durch ein Fenster Schafe sehen?
   Seite 14 **L** Seite 16 **T**

3. Welche Form hat das Gedicht „träum nur wenn du willst“?
   Kugel **CK** Flocke **CH**

4. Auf welcher Seite steht ein Gedicht von Nadia Budde?
   Seite 17 **F** Seite 13 **T**

5. Was hält ein Igel auf Seite 17 in seiner Hand?
   ein Eis **S** einen Stachel **P**

6. Welches Gedicht ist von Heinz Erhardt?
   November **F** Der Frühling **E**

7. Was siehst du am Weihnachtsbaum nicht?
   Kerzen **I** Kugeln **N**

8. Welches Gedicht hat einen Kreuzreim?
   Der Badeschwamm **G**
   Winterrätsel **M**

Jetzt bist du ein

8	6	1	7	3	2	6	5	RO	4	7	!

Sonntag, Montag, Sternentag

1 Setze die fehlenden Silben ein.

kaufs	Stern	Welt	Su	pud	Ex

___permarkt   Ein___wagen   ___perte

Wackel___ding   ___gucker   ___meister

2 Lesebuch Seite 22/23 Lies die Geschichte.

3 Nummeriere die Sätze in der richtige Reihenfolge.

- [ ] Ben und Nora besorgen 30 Kartons.
- [1] Ben fürchtet sich vor dem Referat.
- [ ] Nora hat eine gute Idee.
- [ ] Alle klatschen laut.
- [ ] Sie bereiten die Kartons vor.
- [ ] Alle Kinder setzen sich einen Karton auf den Kopf.

4 Lies die Adjektive. Markiere blau, wie Ben sich **vor** dem Referat fühlt. Markiere gelb, wie Ben sich **nach** dem Referat fühlt.

glücklich	nervös	ängstlich	erleichtert	stolz
aufgeregt	froh	unsicher	entspannt	

5 Warum hilft Noras Idee Ben? Schreibe auf.

6 Was hätte Ben noch machen können? Sammelt gemeinsam Ideen.

Suche in Büchern oder im Internet nach anderen Sternbildern. Male dein Lieblingssternbild ab.

Finn macht es anders

1 Setze die Wortteile passend zusammen.
Schreibe die Wörter auf.

Pausen-	Fahrrad-	-stück	-zimmer
-ständer	Beweis-	Klassen-	-brot

2 Lesebuch Seite 24/25 Lies die Geschichte.

3 Verbinde die Satzhälften passend. Schreibe die Sätze auf.

Sven, Paul und Max	seufzt.
Finn	zertrampeln das Brötchen.
Die Lehrerin	wollen die Eltern benachrichtigen.
Der Autobesitzer	lässt den Kopf hängen.
Die Polizisten	beschuldigt die Jungen.

4 Das Auto ist zerkratzt.
Die drei Jungen werden beschuldigt.
Was denkt Finn?

Soll ich …

5 Warum nimmt Finn die Jungen in Schutz, obwohl sie oft gemein zu ihm sind?

Wie geht es am nächsten Tag mit den vier Jungen weiter?

Ungeheuerlich

1 Finde die drei Wörter. Trenne sie durch Striche |.
Ergänze die Sätze in dieser Reihenfolge.

D F G X B V A M Ä D C H E N K L H G P Ö U N G E H E U E R J G P W M E N S C H B C U

Es geht um ein ______.

Es ist ein ______.

Es sieht aus wie ein ______.

2 Lesebuch Seite 27 Lies die Geschichte.

3 Ergänze die Sätze.

Zeile 1–4: Wir wohnen seit Kurzem in einer Menschenstadt, weil …

______.

Zeile 5–10: Ich muss in die Schule, aber …

______.

Zeile 19–22: Ich muss jetzt schlafen, denn …

______.

4 Streiche die falschen Wörter durch.

Bei Menschen ist es üblich, Purzelbäume bergauf / bergab zu schlagen.
Auf Bäume klettern sie vorwärts / rückwärts.
Menschen pfeifen durch die Nase / den Mund.
Ungeheuer machen alles genauso / umgekehrt.

Schreibe auf, was bei den Ungeheuern üblich ist.

5 Stell dir vor, du bist in einer Schule für Ungeheuer.
Was wird dort unterrichtet? Erstelle einen ungeheuerlichen Stundenplan.

Du bist ich und ich bin du

1 Erkenne die Wörter. Schreibe sie richtig auf.

ƎSAИ ____________ ⅃ƎӘƎIԳƧ ____________

ƎƧƧAMIЯӘ ____________ IƎЯƎBUAƧ ____________

2 Lies die Wörter. Welches Wort ist anders? Markiere.

Spiegelbild Spiegelbild Spiegelbild Spiegelbill Spiegelbild Spiegelbild

3 Lesebuch Seite 28–30 Lies die Geschichte.

4 Ja oder nein? Kreise ein. Schreibe dahinter, in welcher Zeile es steht.

Silas lacht Tränen.	ja	nein	Zeile:
Er hört ein Niesen.	ja	nein	Zeile:
Oma steht vor der Tür.	ja	nein	Zeile:
Silas träumt.	ja	nein	Zeile:
Sein Gegenüber seufzt.	ja	nein	Zeile:

5 Trenne die Wörter durch Striche |. Schreibe nur die richtigen Sätze auf.

SilastrifftSalisimSpiegel.

SalisistseinSpiegelbill.

BillbedeutetBegleiterinallenLebenslagen.

EinSpiegelbillmachtschlechteLaune.

SilasundSalistauschenfürvierundzwanzigStunden.

6 Wie heißt dein Spiegelbill? Was könnt ihr zusammen erleben? Schreibe auf.

Gauklerei

1 Lesebuch Seite 32/33 Betrachte das Bild. Was stimmt nicht? Streiche durch.

Ein Mann hält einen Esel. Eine Frau mit Hut lacht. Im Eimer sind Karotten.
Ein Mann hält ein Radieschen hoch. Ein Mann greift sich an die Nase.

2 Lesebuch Seite 32–34 Lies die Geschichte.

3 Setze die **W**-Fragen ein und beantworte sie. **Wann? Wer? Warum?**

W________ spielt die Geschichte?

In der ________________.

W________ gehen Trenk und Thekla in die Stadt?

Es ist ________________.

W________ unterhält das Publikum?

Die ________________.

tag | zeit | Gauk | Rit | Markt | ler | ter

4 Womit unterhalten die Gaukler das Publikum? Markiere.

zaubern | Haselnüsse knacken | Theater spielen | jonglieren
Radieschen putzen | Feuer spucken | Staub wischen | angeln

5 Was passt in welche Zeit? Kreuze an.

	Ritterzeit	heute
Unrat aus dem Fenster kippen	☐	☐
leckere Schokolade	☐	☐
Kinder mit dreckigen Ohren	☐	☐
Jungen, die Theater spielen	☐	☐
Mädchen, die Theater spielen	☐	☐

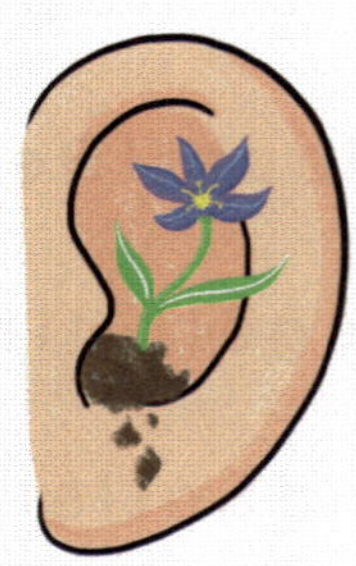

Wenzels größter Wunsch

1 Schreibe die Wörter zu den Erklärungen.

Brüder | mickerig | Gemäuer | Abt | Reisig

kleine Äste ______

Mönche in einem Kloster ______

klein, wenig ______

altes Gebäude aus Stein ______

oberster Bruder in einem Kloster ______

2 Lesebuch Seite 35–37 Lies die Geschichte.

3 Wie geht der Satz richtig weiter? Streiche das Falsche durch.
Schreibe die richtigen Sätze auf.

Wenzel und Ulle	haben eine Familie.	sind Waisenkinder.
Sie wohnen	im Kloster.	im Wald.
Sie gehören	dem Abt.	dem König.
Sie müssen	zur Schule.	für ihn arbeiten.

4 Suche die Stellen im Text und schreibe auf, wo du sie gefunden hast.

Ulle und Wenzel frieren. Zeile: ☐ und ☐

Wenzel ist wütend. Zeile: ☐ und ☐

Ulle und Wenzel sind hungrig. Zeile: ☐ und ☐

Beim Abt glänzt es vor Gold. Zeile: ☐

5 Warum möchte Wenzel lesen lernen? Überlegt gemeinsam.

Vergleiche dein Leben mit Wenzels Leben.

Der Sprung

1 Lies die Zungenbrecher immer schneller.

Der Turmspringer springt vom Sprungturm.
Vom Sprungturm springt der Turmspringer.

Wenn Schwimmerinnen hinter Schwimmern schwimmen,
schwimmen Schwimmerinnen hinter Schwimmern her.

2 Lesebuch Seite 39 Lies die Geschichte.

3 Was passt? Streiche die unpassenden Überschriften durch.

Zeile 1–6: Gedränge im Schwimmbad / Fast allein im Freibad

Zeile 7–10: Angst / Vorfreude

Zeile 11–19: Furchtloser Opa / Mutige Oma

Zeile 20–28: Bauchlandung / Ein perfekter Sprung

4 Wer macht was? Kreuze an, auf wen der Satz zutrifft.

Der Junge	Die Oma	
☐	☐	klettert auf den Fünfer.
☐	☐	spricht Mut zu.
☐	☐	steht oben auf dem Sprungbrett.
☐	☐	springt und kommt pfeilgerade auf.

5 Was glaubst du? Lässt das Kind sich fallen? Schreibe auf und begründe.

____

____

Was hast du dich erst nicht getraut und dann doch geschafft?
Wie hast du dich gefühlt? Schreibe deine Geschichte auf.

Sprachbaden

1 Lesebuch Seite 40/41 Lies die Geschichte.

2 Welche Wörter gehören zu der Geschichte? Markiere.

Fahrradtour | Campingplatz | Fremdsprache

Ketchup | Spiel | Kanu | Spaß | Buch

Freund | Ferienarbeitsheft | Mayonnaise

eins, zwei, drei | Ei | vier, fünf, sechs

3 Wer bin ich? Kreuze an.

Ich mache Urlaub in Deutschland.
Mit dem Freund meines Sohnes
spreche ich per Handzeichen.
☐ Nickless ☐ Mutter ☐ Vater

Ich bin aus Paris.
Ich soll Deutsch lernen.
Aber ich mag Fantasiewörter lieber.
☐ Nickless ☐ Tarzan ☐ Mutter

Ich spreche Englisch.
Meinen neuen Freund
konnte ich sofort verstehen.
☐ Nickless ☐ Tarzan ☐ Vater

Ich komme aus Frankreich.
Mein Sohn soll Deutsch lernen.
Fremdsprachen sind nützlich.
☐ Mutter ☐ Tarzan ☐ Vater

4 Fülle das Ferienwörterbuch von Tarzan aus.

Blume	Sprott	Ei	
Baum		zwei	
	Schrappatt		nu wruck

Erfinde eigene Wörter in deiner Fantasie-Sprache und schreibe sie auf.
Probiere die Wörter aus. Können andere dich verstehen?

Das habe ich gelernt

In deinem Lesebuch bist du in den Geschichten verschiedenen Kindern begegnet.

Kreuze an, was zutrifft.

☐ Ich habe über ein Kind gelesen, das eine gute Idee hatte.

Das Kind heißt ______________________, Seite ____.

☐ Ich habe ein Kind kennengelernt, dem etwas sehr Seltsames passiert ist.

Die Geschichte heißt ______________________, Seite ____.

☐ In einer Geschichte ist mir ein Kind aus einer anderen Zeit begegnet.

☐ Diese Figur würde ich gerne besser kennenlernen:

______________________ aus der Geschichte

____

☐ Ich habe mich schon einmal so gefühlt wie ______________________

in der Geschichte ______________________, Seite ____.

☐ Ich habe ein Buch gelesen, das Olli empfohlen hat.

Die ersten Sätze einer Geschichte sind besonders wichtig.
Schreibe den Anfang einer Geschichte auf, der dir gut gefallen hat:

____

____

____

Lies in deinem Lieblingsbuch den Anfang der Geschichte.
Bringe das Buch mit und lies deiner Klasse die ersten Sätze vor.

Ideen für deine eigene Geschichte

Wann?	**Wer?**	**Wo?**	**Was?**
Letzte Woche	Hexe Lu-Na	auf dem Mond	verschwindet spurlos
Heute Nachmittag	Faultier Flo	in der Zukunft	hochgeschossen
Im Jahr 2222	Robo Ta	im Zauberwald	stürzt ab

Suche dir aus jeder Spalte etwas aus oder schreibe eigene Ideen auf.
Denke dir eine Geschichte aus. Schreibe sie mit Anfang, Mittelteil und Schluss auf.

Auf Skiern zur Schule

1 Wo liegt Spitzbergen? Schlage in einem Atlas nach oder suche auf einem Globus.

2 Lesebuch Seite 46 Lies den Text.

3 Wie heißt die Stadt, in der Svenja lebt? Streiche die falschen Namen durch.

Longiearbyen Longyaerbyen Longyearbyen Longyearbien

4 Verbinde die Satzhälften passend. Schreibe die Sätze auf.

Svenja hat keinen	stehen ein paar Rentiere.
Svenja fährt im Winter	weiten Schulweg.
Am Straßenrand	mit Motorschlitten gebracht.
Andere Kinder werden	mit Skiern zur Schule.

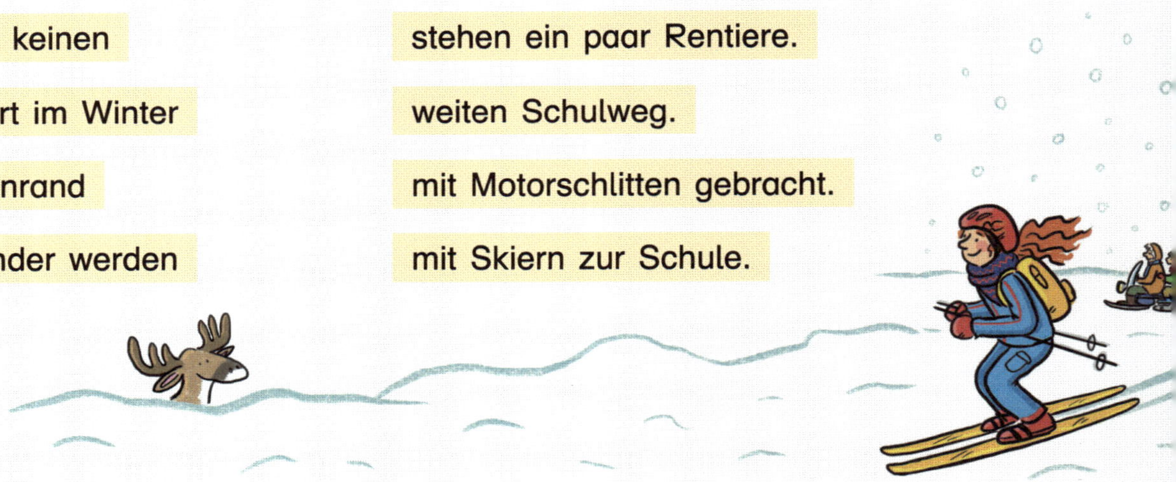

5 Warum ist es in Spitzbergen im Winter auch tagsüber meist dunkel? Schreibe auf.

6 Schließe die Augen und stelle dir vor: Wie ist dein Schulweg im Winter? Beschreibe danach einem Partnerkind deinen Schulweg.

7 Male zwei Bilder auf ein Blatt. Wem begegnet Svenja auf ihrem Schulweg? Wem begegnest du?

Ohne Eis kein Eisbär

1 Wo leben Eisbären? Setze die Buchstaben richtig zusammen und ergänze die Antwort.

o l d N o p r   r k i t s A   i E s

Eisbären leben im Gebiet um den ______________________.

Die ______________________ ist der nördlichste Teil der Erde.

Dort ist es sehr kalt, denn es gibt nur ______________________.

2 Lesebuch Seite 47 Lies den Text oder lass ihn dir vorlesen.

3 Was ist die Hauptnahrung von Eisbären? Schreibe auf.

____

4 Zu welchem Absatz passt welche Überschrift? Verbinde.

Absatz 1	Jäger auf dem Eis
Absatz 2	Der Klimawandel und seine Folgen
Absatz 3	Gefahr für den Lebensraum
Absatz 4	Der Lebensraum des Eisbären

5 Warum ist der Eisbär durch den Klimawandel gefährdet? Schreibe in eigenen Worten auf.

6 Welches Kreisdiagramm passt zum Text? Kreuze an.

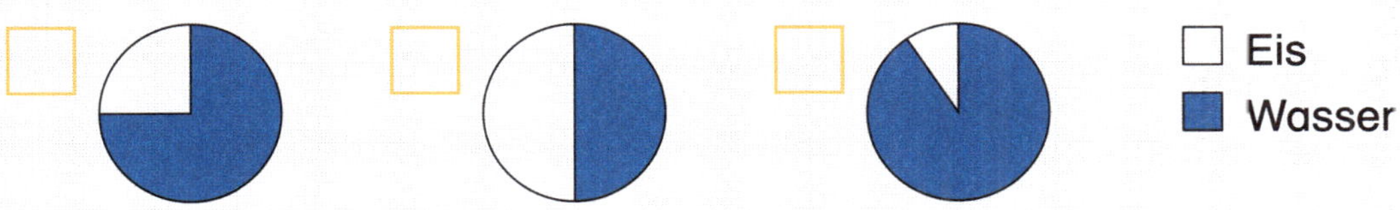

Recherchiert zu einer Frage: Warum ist die Haut des Eisbären schwarz? Oder: Warum halten Eisbären keinen Winterschlaf?

Kunst aus Kunststoff

1 Was gehört zusammen? Folge den Linien mit den Augen.
Setze die sieben Nomen zusammen und schreibe sie auf.

Tinten- Plastik- Kunst- Pott- Müll- Meeres-

-wal -stoff -fisch -tiere -müll -werk -schlucker

2 Lesebuch Seite 49 Lies den Bericht.

3 Welcher Satz passt zu welchem Abschnitt? Gib die Zeilen an.

Künstler zeigen, wie aus Plastikmüll Kunst wird.	Zeile		bis	
Viele Meerestiere fressen Müll und sterben daran.	Zeile		bis	
Eine Schulklasse hat einen Pottwal hergestellt.	Zeile		bis	

4 Worauf wollen die Schülerinnen und Schüler mit ihrem Kunstwerk hinweisen?
Sprecht darüber.

5 Bastle ein Fantasietier aus gewaschenem Plastikmüll.

- Lege den gewaschenen Plastikmüll, eine Schere und Doppelklebeband bereit.
- Suche Passendes für die Körperteile aus.
- Klebe die Teile zusammen.

Plastik: beliebt, aber tückisch

1 Lies die Sätze. Füge das fehlende Wort mit den Augen ein.

Eine Gefahr, die ich nicht erkenne, ist 👁.

Etwas, das 👁 ist, geht nicht schnell kaputt.

Etwas 👁, wenn es fault und sich auflöst.

tückisch

stabil

verrottet

2 Lesebuch Seite 50 Lies die Überschrift und sieh dir die Fotos an. Worum geht es in dem Text? Schreibe auf.

3 Lesebuch Seite 50/51 Lies den Text.

4 Richtig oder falsch? Kreuze an.

	richtig	**falsch**
Plastik ist stabil, leicht und billig.	☐	☐
Plastik verrottet schnell.	☐	☐
Plastikmüll findet man überall.	☐	☐
Das meiste Plastik im Meer ist Müll vom Land.	☐	☐
Auch aus der Schifffahrt landet Plastikmüll im Meer.	☐	☐
Mikroplastik entsteht nur im Meer.	☐	☐
Mikroplastik gelangt mit dem Abwasser ins Meer.	☐	☐
Viele Meerestiere fressen das Mikroplastik.	☐	☐

5 Teilt den Text auf und arbeitet in Gruppen.
Präsentiert am Ende eure Ergebnisse.
Gruppe 1: Wie gelangt das Plastik ins Meer?
Gruppe 2: Was ist Mikroplastik?
Gruppe 3: Welche Folgen hat das Plastik für die Meerestiere?

Die **Schlüsselwörter** im Text helfen euch.

Zugvogel-Rekorde

1 Was weißt du über Zugvögel?
Tausche dich mit anderen Kindern darüber aus.

2 Lesebuch Seite 54 Lies den Text.

3 Welche Angabe gehört zu welchem Zugvogel?
Kreuze an.

	 Pfuhlschnepfe	 Sommergold-hähnchen	 Streifengans
fliegt am höchsten			
kleinster Zugvogel			
fliegt die längste Strecke			
6 g Körpergewicht			
schafft 11.000 km in 9 Tagen			
fliegt bis nach Indien			
13 cm Flügelspannweite			
fliegt ohne Pause			
fliegt zum Mittelmeer und zurück			
schafft 6000 m Höhe			

4 Arbeitet in Gruppen. Besprecht, in welchen Medien ihr recherchieren wollt.
Präsentiert am Ende eure Ergebnisse.
Gruppe 1: Woher wissen die Zugvögel, wann sie starten müssen?
Gruppe 2: Wie finden Zugvögel den richtigen Weg?
Gruppe 3: Woher wissen die Zugvögel, wann sie zurückkehren müssen?

Findet noch andere Tier-Rekorde heraus.

Fliegende Spinnenkinder

1 Woran merkst du, dass es Herbst wird? Schreibe auf.

2 Lesebuch Seite 55 Lies den Text.

3 In welcher Zeile werden die Spinnen im Text genannt?

Kreuzspinne Zeile ☐ Zwergspinne Zeile ☐

Springspinne Zeile ☐ Gartenkreuzspinne Zeile ☐

4 Kreuze die richtigen Antworten an.

Wozu schießen die Spinnenkinder die Spinnfäden in die Luft?

☐ zum Spielen ☐ zum Netzbau ☐ zum Fortbewegen

Wodurch werden die feinen Spinnennetze im Gras sichtbar?

☐ durch die Kälte ☐ durch den Tau ☐ durch die Sonne

5 Welche Wörter aus dem Text werden gesucht? Schreibe auf.

So heißt die Zeit im Herbst, wenn die feinen Spinnennetze zu sehen sind:

Früher sagte man „weiben“, heute heißt es:

6 Finde für jeden Absatz eine passende Überschrift. Schreibe auf.

1. Absatz (Zeile 1–6):

2. Absatz (Zeile 7–14):

3. Absatz (Zeile 15–22):

4. Absatz (Zeile 23–28):

Telefonkette

1. Spielt im Stuhlkreis „Stille Post“.

2. Lesebuch Seite 58 Lies den Text und die Sprechblasen.

3. Was passiert mit der Nachricht?
Streiche die falschen Wörter durch.

Die Nachricht wird immer gleich / anders weitergegeben.

Am Ende kommt zufällig eine andere / die erste Nachricht heraus.

4. Lies den Text. Ergänze **e** oder **o**.

Früh_r k_nnt_ man n_ch kein_ E-Mails _d_r
Kurznachricht_n an Grupp_n v_rs_nd_n.
Mit d_m T_l_f_n k_nnt_ man
nur ein_ P_rs_n anruf_n.
W_nn die Nachricht nicht eilig war,
k_nnt_ man auch Brief_
schreib_n und mit d_r P_st
v_rschick_n.
Früh_r braucht_ man m_hr Zeit,
um ein_r Grupp_ _twas mitzuteil_n.

Findet heraus, was eine Telefonzelle war. Wie hat man sie benutzt?

Mit einem Klick in die Welt

1 Wie oft fotografierst du? Womit fotografierst du?

2 Lesebuch Seite 59 Lies den Text.

3 Hier sind zwei Texte durcheinandergeraten. Wie war es früher?
Wie ist es heute? Markiere die Sätze in zwei Farben. Schreibe beide Texte auf.

Frau Koch möchte Fotos machen. Sie holt ihren Fotoapparat. Frau Fischer ist mit ihrem Smartphone unterwegs. Zuerst muss sie einen Film einlegen, erst dann kann sie fotografieren. Mit dem Handy macht sie Fotos.
Den Film bringt sie anschließend zu einem Fotogeschäft. Die Bilder schickt sie gleich an ihre Freundin. Dort gibt man den Film zum Entwickeln ab. In ein paar Tagen kann sie die fertigen Fotos abholen. Sie klebt die Fotos in ihr Fotoalbum.
Frau Müller schickt sofort eine Nachricht zurück: „Tolle Bilder!“

4 Lesebuch Seite 59 Lies die Sprechblasen.

5 Wie ist eure Meinung dazu? Sprecht darüber.

6 Besprecht auch diese Fragen:
Was passiert mit den Fotos im Internet?
Darf ich Fotos, auf denen andere zu sehen sind, im Internet zeigen?

Fotoprojekt

1 Lesebuch Seite 60 Seht euch die Fotos an.
Worum geht es in dem Fotoprojekt? Was wird fotografiert?
Was ist besonders? Sprecht darüber.

2 Lesebuch Seite 60/61 Lies die Anleitung.

3 Bereite das Projekt vor. Fülle den Plan aus.

Ich bilde mit ____________________ ein Team.
(Wem?)

Wir fotografieren mit ______________________________.
(Welches Gerät?)

Wir gehen zum Fotografieren ______________________________.
(Wohin?)

4 Worauf musst du beim Fotografieren achten? Notiere Tipps.

____

____

____

____

____

5 Bewerte dein Fotoprojekt. Male den passenden Daumen aus.

👍 👎 Ich bin gut mit meiner Kamera zurechtgekommen.

👍 👎 Ich habe auf das Licht geachtet.

👍 👎 Ich habe mehrere Motive fotografiert.

👍 👎 Ich habe verschiedene Perspektiven ausprobiert.

Das habe ich gelernt

In deinem Lesebuch hast du verschiedene Sachtexte kennengelernt.

Kreuze an, was zutrifft.

- ☐ Ich habe mehrere Berichte gelesen.
- ☐ Ich kann Informationen aus einem Diagramm ablesen.
- ☐ Ich habe nach Anleitung ein Projekt durchgeführt.
- ☐ Ich weiß mehr über andere Länder.

- ☐ Ich weiß, warum es wichtig ist, die Umwelt zu schützen.
- ☐ Ich weiß mehr über Tiere im Herbst.

- ☐ Ich weiß mehr über Dinge, die es früher gab.
- ☐ Ich habe darüber nachgedacht, was mit Fotos im Internet passiert.
- ☐ Ich habe eine Ausstellung geplant und präsentiert.

Dieser Text hat mich auf eine Idee zum Selbermachen gebracht:

______________________________ Seite ☐

Dieser Text hat mich zum Nachdenken angeregt:

______________________________ Seite ☐

So kann ich die Umwelt schützen:

____

____

Darüber möchte ich mehr wissen:

____

____

Der Hase und die Schildkröte

1 Was passt zu einer Schildkröte? Was passt zu einem Hasen?
Schreibe Wörter auf.

2 Lesebuch Seite 65 Lest die Fabel. Betrachtet dabei die Bilder genau.
Ein Kind spricht den Hasen, das andere die Schildkröte. Tauscht die Rollen.

3 Nummeriere die Sätze in der richtigen Reihenfolge.
Schreibe sie in der richtigen Reihenfolge auf.

- [ ] Der Hase rennt der Schildkröte hinterher.
- [ ] Der Hase startet viel schneller als die Schildkröte.
- [ ] Die Schildkröte überholt den Hasen.
- [ ] Die Schildkröte gewinnt gegen den Hasen.
- [1] Der Hase fordert die Schildkröte zu einem Wettrennen auf.
- [ ] Wer nicht aufgibt, der wird belohnt.
- [ ] Der Hase legt sich unter einen Baum.

4 Überlege dir zwei andere Tiere und male.

Los, wir machen ein Wettrennen!

Die Geschichte vom Adler und der Taube

1 Lies die Wörter.

Plattform Taubendank Felsspalte Scheherazade

2 Lesebuch Seite 66 Lies die Fabel.

3 Adler oder Taube? Schreibe vor jeden Satz. Schreibe die Zeile dazu.

________: „Nun habe ich dich erst recht.“ (Zeile ____)

________: „Deine Dankbarkeit ist mir gleichgültig.“ (Zeile ____)

________: „Du kennst die schöne Geschichte sicherlich?“ (Zeile ____)

________: „Du kannst mich mit der Geschichte ein bisschen unterhalten.“ (Zeile ____)

________: „Ich erzähle sie dir.“ (Zeile ____)

4 Streiche in jedem Satz das falsche Wort durch.
Warum glaubst du das? Schreibe deine Antwort auf.

Der Adler fühlt sich unterlegen / überlegen.
Die Taube fühlt sich zuerst stark / schwach.
Am Ende gewinnt der Adler / die Taube.

5 „Taubendank macht Adlern keine Ehre.“
Was bedeutet dieser Satz? Kreuze an.

- [ ] Tauben bedanken sich nicht bei Adlern.
- [ ] Der Adler freut sich, wenn sich die Taube bedankt.
- [ ] Dem Adler ist die Dankbarkeit der Taube egal.

6 „Wer nicht aufgibt, wird belohnt“.
Schreibe das Ende der Geschichte passend zu der Moral.

Der Bär und der Löwe

1 Lesebuch Seite 68 Sieh dir das Bild an. Vermute, worum es in der Fabel geht. Kreuze an.

- ☐ Der Bär und der Löwe streiten mit den Hyänen.
- ☐ Der Bär und der Löwe streiten, die Hyänen schauen zu.
- ☐ Alle Tiere streiten sich.

2 Lesebuch Seite 68 Lies die Fabel.

3 Trenne die Wörter |. Schreibe sie mit ihrem Artikel auf.

B Ä R K U H L Ö W E H U N G E R K N Ä U E L H I E B E W U N D E N H Y Ä N E N

4 Welche Verben passen nicht zu der Fabel? Streiche sie durch.

streiten vertragen feiern knurren spielen kämpfen fressen trinken bereuen

5 Wer bleibt am Ende hungrig? Schreibe auf.

6 Erzähle die Fabel nach. Nutze die passenden Wörter von 3 und 4.

7 Verbinde die Satzteile passend.
Welche Lehren passen zur Fabel? Markiere mit unterschiedlichen Farben.

Wenn zwei sich streiten,	das verschiebe nicht auf morgen.
Des einen Freud	freut sich der Dritte.
Was du heute kannst besorgen,	ist des anderen Leid.

Suche in einem Tierlexikon und im Internet nach Informationen über Hyänen. Gestalte ein Infoblatt.

Der gierige Hund

1 Lesebuch Seite 69 Lies die Überschrift und betrachte das Bild. Was vermutest du? Schreibe mehrere Stichwörter auf. Sprich über deine Vermutungen.

____

____

2 Lesebuch Seite 69 Lies die Fabel.

3 Welches ist das wichtigste Wort (Schlüsselwort) in jedem Absatz? Kreuze an.

Zeile 1–4:	☐ Hund	☐ Wald	☐ Ruhe
Zeile 5–10:	☐ Essen	☐ Fleischstück	☐ Maul
Zeile 11–15:	☐ Bach	☐ Seiten	☐ Brücke
Zeile 16–20:	☐ Beutestück	☐ Zähne	☐ Gier

4 Richtig oder falsch? Markiere.
Setze immer zwei Silben passend zusammen und ergänze die Sätze.

	richtig	falsch
Im Wasser schwimmt ein anderer Hund.	BALD	TRUG
Der Hund fällt aus Versehen ins Wasser.	LAND	BILD
Es gibt nur ein Fleischstück.	HAB	WILL
Die Hunde kämpfen im Wasser.	TON	SUCHT

Gier ist ein anderes Wort für ______________________.

Ein ______________________ ist nie echt.

5 Lies die Moral. Was kannst du aus der Fabel lernen? Schreibe mit deinen eigenen Worten auf und begründe.

6 Stimmten eure Vermutungen von **1**?

Der Fuchs und der Storch

1 Welches Tier benutzt welches Geschirr zum Essen?
Vermute und verbinde.

2 Lesebuch Seite 71 Lies die Fabel oder lass sie dir vorlesen.

3 Lies die Wörter. Schreibe sie richtig mit ihrem Artikel auf.

Kr e Schna l E en Sch uze Kös lich iten Le erbi en

____

____

4 Finde Überschriften für die Absätze. Schreibe auf.

Zeile 1–11: ______________________________

Zeile 12–22: ______________________________

5 Ergänze die Sätze.

Der Fuchs ist gemein, weil ______________________________

____

Der Storch rächt sich, indem er ______________________________

____

Welche zwei anderen Tiere können nicht gut zusammen essen?
Schreibe auf und begründe.

Der Affe, der sein Herz vergaß

1 Lest die Überschrift. Wo kann der Affe sein Herz vergessen haben? Vermutet.

2 Lesebuch Seite 72 Lies die erste Seite der Fabel.

3 Ergänze die W-Fragen.

Wer ______________________________? Affe, Krokodil, Krokodilfrau

Was ______________________________? Mangos

Wem ______________________________? seiner Frau

4 Lesebuch Seite 73 Lies die zweite Seite der Fabel.

5 Streiche in jedem Satz das Falsche durch. Schreibe die richtigen Sätze auf.

Die Krokodilfrau ist krank / gesund. Die Krokodilfrau will die Mangos / den Affen fressen. Der Affe hat sein Herz nicht vergessen / vergessen. Das Krokodil ist kein / ein falscher Freund.

6 Zu welchen Absätzen passen die Überschriften? Schreibe die Zeilen auf.

Köstliche Früchte Zeile ____ – ____

Die gierige Krokodilfrau Zeile ____ – ____

Gefährliche Einladung Zeile ____ – ____

Der schlaue Affe Zeile ____ – ____

7 Stell dir vor, das Krokodil kommt ohne den Affen nach Hause.
Was sagt das Krokodil? Was sagt seine Frau? Schreibe auf.

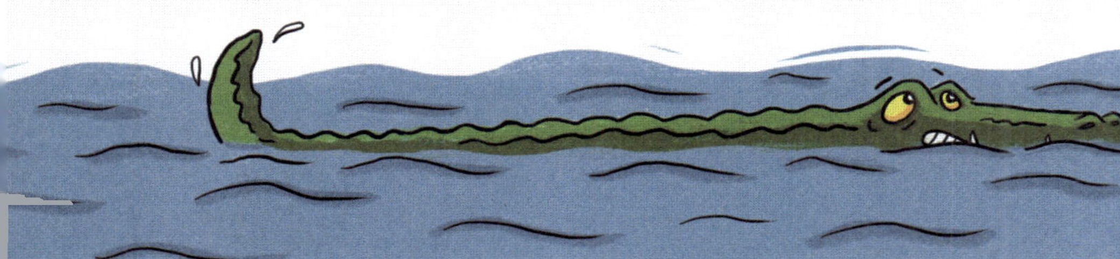

Das habe ich gelernt

In deinem Lesebuch hast du verschiedene Fabeln kennengelernt.

Kreuze an, was zutrifft.

☐ Ich habe verschiedene Fabeln gelesen.

Ich habe Fabeln mit diesen Tieren gelesen:

☐ Hase ☐ Löwe ☐ Adler ☐ Taube ☐ Bär ☐ Schildkröte

☐ Hyäne ☐ Hund ☐ Fuchs ☐ Storch ☐ Affe ☐ Krokodil

Dieses Tier mochte ich am liebsten: ______________________

☐ Ich habe die Moral einer Fabel gelesen.

☐ Ich weiß, was die Moral einer Fabel ist.

Welche Fabel aus dem Lesebuch hat dir besonders gut gefallen?

Titel der Fabel: ______________________

Tiere in der Fabel: ______________________

Autor / Autorin: ______________________

Moral der Fabel: ______________________

____

Kennst du noch eine andere Fabel, die nicht im Lesebuch steht?
Wie heißt sie? Welche Tiere spielen mit?

____

____

Bringe die Fabel in die Schule mit. Zeige sie deiner Klasse.

Der Rabe und der Fuchs

Vervollständige den Text und die Bilder.

Ein Rabe hatte einen Käse gefunden. Er flog mit dem Käse in den Krallen auf einen ______, um ihn dort zu verspeisen. Krächzend saß er da und freute sich auf den Leckerbissen.

Das Krächzen hörte ein Fuchs, der ebenfalls hungrig war.

Er überlegte, wie er ______

______

______

Der Fuchs lobte den Gesang des krächzenden Raben. Der Fuchs wünschte sich ein ______.

Das schmeichelte dem Raben sehr.

Als der Rabe den Schnabel aufriss, um ein Lied zu singen, fiel ihm der ______ herunter.

Darauf hatte der schlaue ______ gewartet!

nach Äsop

Darum hüte dich vor Schmeichlern!

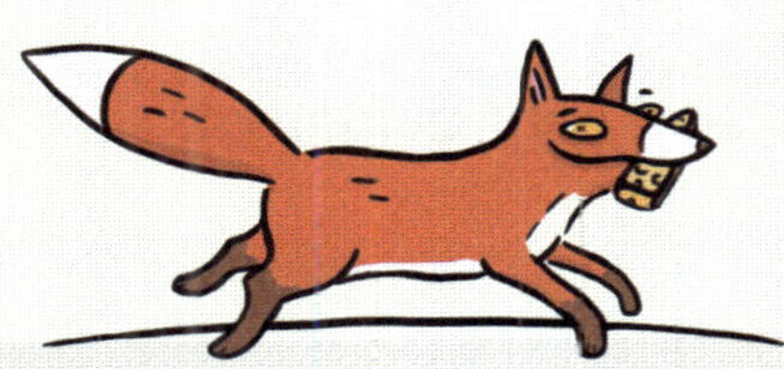

Piraten-Party!

1 Setze die Buchstaben in die Wörter ein.

oo tt sch eu en ng tz ee

Fla ______ enpost   Abent ______ er   S ______ leute   Scha ______ karte

Beib ______ t   Gewi ______ er   Palm ______ insel   Einladu ______

2 Lesebuch Seite 80/81 Lies das Spielstück.

3 Trenne die Wörterschlange und schreibe den Satz auf.

INDERFLASCHENPOSTSTECKTEINEEINLADUNG.

4 Ordne die Regieanweisungen dem Spielstück passend zu. Gib die Zeilen an.

Zieht den Korken aus der Flasche. Zeile ______

Die Seeleute ziehen das Segel hoch. Zeile ______

Hält mit dem Fernrohr Ausschau. Zeile ______

Klopft den beiden auf die Schulter. Zeile ______

5 Überlegt, von welchen Abenteuern die Seeleute berichten. Macht euch Notizen. Lasst die Figuren ihre Abenteuer erzählen.

Klunkergold: Als wir damals diese riesige Truhe endlich ausgegraben haben, war darin kein Schatz, sondern ...
Mitvielmut: Wisst ihr eigentlich, wie ich zu meinem Namen kam?
Also, das war so ...

Viele Schauspieler haben „Lampenfieber". Was ist das? Kreuze an.

☐ Sie sind krank und müssen ins Bett.

☐ Sie sind sehr aufgeregt.

Die Versteigerung

1 Trenne die Wörter durch Striche |. Lies den Satz.

F Ü R E I N K R I P P E N S P I E L B R A U C H E N D I E K I N D E R K O S T Ü M E .

2 Lesebuch Seite 82/83 Lies das Spielstück.

3 Welche Satzenden stimmen? Streiche die falschen Enden durch.

Wer etwas ersteigern möchte, …
- hebt die Hand / lässt die Hände unten.
- bleibt sitzen / steht auf.
- bietet einen Gegenstand / bietet Geld.

4 Richtig oder falsch? Kreuze an.

	richtig	falsch
Es fehlen Kostüme für das Krippenspiel.	☐	☐
Der Lehrer ersteigert die Schubkarre absichtlich.	☐	☐
Der Lehrer hat genug Geld dabei.	☐	☐
Die Kinder haben die alten Kostüme ersteigert.	☐	☐

5 Welche Requisiten werden für die Aufführung benötigt? Markiere.

Sterne	Krippenspiel-Kostüme	Pappkarton	Stall	Hammer	
Krippe	Seil	Schneeschaufeln	Geschenke	Schubkarre	
Stroh	Säge	Geldbeutel	Pult	Geldstücke	Stühle

6 Wie fühlen sich die Personen in dem Stück? Verbinde.

Schülerinnen und Schüler	beschwichtigend, beruhigend
Lehrer	fröhlich, unbeschwert
Frau des Lehrers	laut, unbeteiligt
Versteigerer	gestresst, verärgert

7 Übt eure Rollen. Führt das Spielstück mit passenden Requisiten auf.

Die große Rallye

1 Wer ist wer? Folge den Linien zuerst mit den Augen.
Male sie dann mit verschiedenen Farben nach.

Karlo Kandinsky Linda Lombardi Tom Turbowsky Wilma Wullenwelle

Radioreporterin Sieger des Vorjahres Frau von Fahrer Radioreporter

2 Lies die Wörter. Zeichne die Silbenbögen ein. Schreibe die Anzahl der Silben dazu.

Limousine [4] Mikrofon [ ] Hebebrücke [ ]

Hafenbecken [ ] Fahrerfeld [ ] Zielgerade [ ]

3 Lesebuch Seite 84/85 Lies das Spielstück.

4 Bereitet das Live-Hörspiel vor. Geht so vor:

1. Verteilt die Rollen.
2. <u>Sprecherinnen und Sprecher:</u>
   Übt das Lesen. Wie spricht deine Rolle? Sammle Adjektive.

   Rolle: ______

   So spricht sie: ______

   ______

   <u>Geräuschemacherinnen und Geräuschemacher:</u>
   Sucht nach den passenden Materialien und Gegenständen für die Geräusche. Probiert unterschiedliche Möglichkeiten.
3. Übt gemeinsam. Könnt ihr noch etwas verbessern?
4. Führt das Live-Hörspiel auf.

Das habe ich gelernt

In diesem Lesebuch hast du unterschiedliche Spielstücke kennengelernt.

Kreuze an, was zutrifft.

- ☐ Ich habe verschiedene Spielstücke gelesen.
- ☐ Ich habe bei einer Aufführung mitgewirkt.
- ☐ Ich habe meinen Körper vor dem Spielen gelockert.
- ☐ Ich habe meine Stimme vor dem Spielen aufgewärmt.
- ☐ Ich habe mir vorgestellt, wie eine Figur spricht, und unterschiedliche Betonungen ausprobiert.
- ☐ Ich habe mir vorgestellt, wie die Figur sich fühlt.
- ☐ Ich habe mich für eine Rolle verkleidet.
- ☐ Ich habe eine Rolle gespielt.

Ich war: ______________________

- ☐ Ich weiß, was Requisiten sind.
- ☐ Ich habe Requisiten für ein Spielstück besorgt oder hergestellt.
- ☐ Ich weiß, was ein Live-Hörspiel ist.
- ☐ Ich habe Geräusche für ein Live-Hörspiel gemacht.

Damit konnte ich diese Geräusche erzeugen:

____

____

- ☐ Ich habe eine Aufführung gesehen.

Welche Rolle hat dir in einem Spielstück besonders gut gefallen? Begründe.

____

____

Ollis Medien-Check

1. Ich nutze verschiedene Medien.

	jeden Tag	oft	manchmal	selten	nie
Bücher					
Hörbücher					
Tablet					
Smartphone					
Computer					
Fernseher					
Radio					

2. Ich finde, was ich wissen will.

Fernsehen | Kindersuchmaschine | Zeitungen | Bücherei | Kinderseiten im Internet | Zeitschriften | Radio

Ich leihe Bücher zu bestimmten Themen in der ______ aus.

Ich kann mithilfe einer ______ im Internet recherchieren. Nachrichten für Kinder finde ich in ______ oder ______, im ______ oder ______ und auf ______.

3. Ich tausche mich mit anderen aus.

☐ Ich bespreche mit anderen Kindern, welche Medien ich nutzen möchte.

☐ Ich nutze Medien, um andere Kinder über etwas zu informieren.

☐ Ich tausche meine Meinung mit anderen aus.

☐ Ich bin freundlich und respektvoll zu anderen, auch wenn ich anderer Meinung bin.

4. Ich präsentiere meine Ergebnisse.

☐ Ich habe Texte am Computer geschrieben.

☐ Ich habe Texte am Computer gestaltet.

☐ Ich habe Schriften verändert.

☐ Ich weiß, dass ich Fotos und Texte von anderen nicht ohne Erlaubnis benutzen darf.

5. Ich denke darüber nach, wofür ich Medien nutze.

Die Mindmap hilft mir dabei:
In die Mitte schreibe ich, welches Medium ich häufig nutze.
Außen herum schreibe ich, wofür ich es nutze.

schreiben | telefonieren | recherchieren | fotografieren | spielen

filmen | Filme schauen | Videos schauen | Bilder versenden

Nachrichten schreiben | Hausaufgaben | Kindernachrichten | informieren

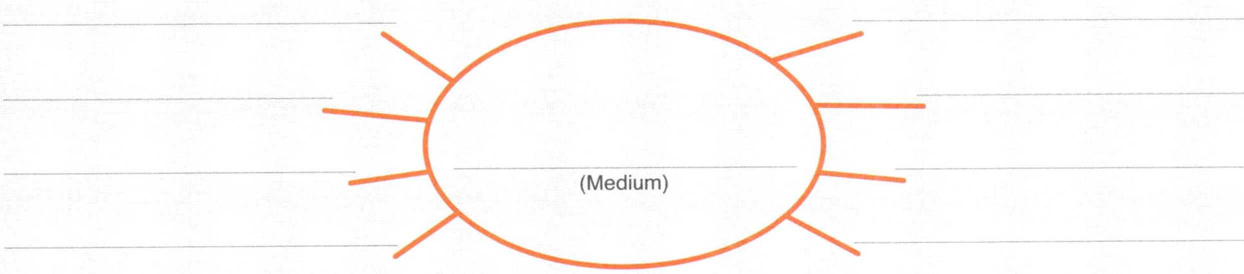

Ollis Lesetipps

Das machst du ***vor*** *dem Lesen.*

- Lies nur die Überschrift.
- Sieh dir die Bilder an.
- Überlege: Ist es ein Sachtext oder ist es eine Geschichte?
- Vermute: Worum geht es in dem Text?
  Weißt du schon etwas über das Thema?

Das machst du ***beim*** *Lesen.*

- Lies den Text langsam und genau.
- Wenn du Wörter nicht kennst:
  Lies die Textstelle noch einmal.
  Sieh dir die Bilder noch einmal an.
  Schlage die Wörter nach.
- Stelle W-Fragen an den Text und beantworte sie.
- Finde die Schlüsselwörter in jedem Absatz.

Das machst du ***nach*** *dem Lesen.*

- Überlege: Hast du alles verstanden?
- Überprüfe: Was hast du Neues erfahren?
- Vergleiche: Waren deine Vermutungen richtig?

Welchen Lesetipp verwendest du besonders häufig?

40252717

Wie war das mit der Mauer?

logo! erklärt, wie Deutschland
geteilt und wieder vereint wurde

Bildnachweise:
© picture alliance: 34, 39, 73, 74, 75, 78, 81, 84, 86, 89, 92, 98, 111, 114, 117, 120, 122, 127, 129re, 130, 132, 133, 137, 139
© akg images: S. 11, 12, 13, 15, 16, 18, 25, 27li, 31, 33, 38, 45, 46, 53, 57, 58, 60, 66, 70/71, 77, 79, 80, 83, 97, 112, 113, 115, 116 , 123, 126, 128, 129o+u, 134/135
© shutterstock: Skyline Berlin (Umschlag, S. 2/3, 11, 25, 33, 43, 53, 63, 71, 91, 109, 115, 125), 67
© Corbis: Umschlag
© Panthermedia: Umschlag

Originalausgabe

Copyright © 2014 by Bastei Lübbe AG, Köln

Lizenz durch: ZDF Enterprises GmbH © ZDF, Mainz 2014

Fachlektorat: Dr. Ulrich Mählert
Umschlaggestaltung, Layout und Satz: Götz Rohloff – Die Buchmacher, Köln
Gesetzt aus der ZDFnewsScreen und der Swiss
Druck und Einband: Appel & Klinger, Schneckenlohe

FSC MIX Papier FSC® C100257

Printed in Germany
ISBN 978-3-414-82402-8

5 4 3 2

Sie finden uns im Internet unter: www.boje-verlag.de

Ein verlagsneues Buch kostet in Deutschland und Österreich jeweils überall dasselbe. Damit die kulturelle Vielfalt erhalten und für die Leser bezahlbar bleibt, gibt es die gesetzliche Buchpreisbindung. Ob im Internet, in der Großbuchhandlung, beim lokalen Buchhändler, im Dorf oder in der Großstadt – überall bekommen Sie Ihre verlagsneuen Bücher zum selben Preis.

Verena Glanos

Wie war das mit der Mauer?

logo! erklärt, wie Deutschland **geteilt und wieder vereint wurde**

Boje

Inhaltsverzeichnis

Kapitel 5

Kapitel 6

Kapitel 7

Kapitel 8

Kapitel 9

Kapitel 10

Kapitel 11

Wie war das mit der Mauer?

Wusstet ihr, dass Deutschland vor gar nicht langer Zeit in zwei Staaten geteilt war? So richtig mit einer bewachten Grenze, unterschiedlichem Geld und ganz verschiedenen Regierungen? Wenn ihr aus dem Ostteil Deutschlands kommt, Erwachsene euch schon mal davon erzählt haben, oder ihr Verwandte aus diesem ehemals „anderen Deutschland" habt, sagt ihr jetzt: „Pffft, na klar weiß ich das! Wer weiß das nicht?!" Unsere Antwort ist: Viele wissen das nicht!

Das andere Land hieß „DDR", das ist kurz für „Deutsche Demokratische Republik", und es gab dieses Land bis zum Jahr 1990. Umfragen haben allerdings gezeigt: Selbst die meisten Erwachsenen wissen heute schon nicht mehr, was die Abkürzung DDR überhaupt bedeutet. (Fragt doch mal eure Eltern, ob sie es wissen!)

In der Schule steht die DDR häufig erst ab Klasse 10 im Plan für den Geschichtsunterricht. Und im Alltag? Da geht es oft vor allem um Probleme und Vorurteile zwischen den „Ossis" aus der ehemaligen DDR und den „Wessis" aus der Bundesrepublik. Die Geschichte des zweiten Deutschlands gerät dabei langsam in Vergessenheit. Das ist traurig!

Denn die Geschichte der Teilung und Wiedervereinigung Deutschlands ist wirklich spannend. Sie handelt von Macht, von dramatischen Fluchten, fiesen Spionen und einem Volk mit vielen mutigen Helden. Aber auch von ganz normalen Menschen, denen es gelungen ist, in diesem Land trotz Unterdrückung und strenger Regeln ein gutes Leben zu führen.

Mit Demokratie hatte die „Deutsche Demokratische Republik" übrigens trotz ihres Namens wenig zu tun: Wahlen wurden gefälscht, und

Menschen landeten im Gefängnis, bloß weil sie offen ihre Meinung sagten. Andere wurden sogar getötet, weil sie sich gegen die Regierung gestellt hatten.

Die Geschichte der DDR ist gut ausgegangen. Sie hat bewiesen, dass ein Staat, in dem die Menschen nicht frei leben können, auf Dauer nicht bestehen kann. Sie hat aber auch gezeigt, dass es Menschen mit viel Mut braucht, um einen solchen Staat zu stürzen: Menschen, die sich für das, was um sie herum geschieht, interessieren, und die sich wehren, wenn etwas ungerecht ist.

In diesem Buch erklärt logo! euch anhand der Geschichte der zwei ausgedachten Freunde Peter und Paul, wie es zur Teilung Deutschlands kam, was in der DDR alles anders war und wie es die Bürger der DDR schafften, dass aus den zwei Deutschlands am Ende wieder eins wurde.

Das ganze logo!-Team wünscht euch viel Spaß beim Lesen!

Das Jahr 1945

Es ist das Jahr 1945. Peter und Paul sind dicke Freunde. Beide sind acht Jahre alt, und sie wohnen nur zwei Straßen voneinander entfernt mitten in Berlin. Dort sieht es 1945 ganz furchtbar aus. Denn gerade ist ein schrecklicher Krieg zu Ende gegangen: Viele Häuser sind zerstört, überall liegen Steine und Staub. Millionen Menschen sind in diesem Krieg gestorben oder kamen verletzt von den Kämpfen zurück.

Peter und Paul und ihren Familien ist während des Krieges glücklicherweise nichts passiert, aber sie leiden Not: Oft haben sie Hunger, weil es nicht genug zu essen gibt. Trotzdem sind Peter und Paul froh: Denn bis jetzt kannten sie nur Krieg und lebten in ständiger Angst. Jetzt müssen sie endlich nicht mehr vor Bomben in dunkle Schutzkeller flüchten. Zwischen den Trümmern spielen sie oft Fangen und Verstecken. Das finden sie toll.

Adolf Hitler und der Zweite Weltkrieg

Adolf Hitler wollte mit den Nationalsozialisten die ganze Welt beherrschen. Um das zu erreichen, begann er im Jahr 1939 den Zweiten Weltkrieg.

Fast sechs Jahre zuvor hatten die Deutschen unter dem Diktator Adolf Hitler einen großen Krieg angefangen, den Zweiten Weltkrieg. Hitlers Plan war, andere Länder zu erobern und damit Deutschlands Macht immer größer und größer zu machen. Darum kämpften deutsche Soldaten gegen viele andere Länder.

Zuvor hatte Hitler dafür gesorgt, dass statt vieler Parteien nur noch seine Partei etwas zu sagen hatte: die Nationalsozialisten. So war er der „Führer", der alles ganz allein bestimmen konnte. Wer etwas gegen Hitler oder seine Partei sagte, wurde hart bestraft oder sogar getötet. Und diese Macht nutzte er auf grausame Art und Weise aus. So ließ er zum Beispiel in ganz Europa Menschen umbringen, bloß weil er und seine Anhänger etwas gegen sie hatten: Juden, Sinti und Roma, Kriegsgefangene, Menschen mit Behinderungen und viele andere. Wegen dieser schlimmen Verbrechen schauten Menschen auf der ganzen Welt damals mit Schrecken und Verachtung auf die Deutschen.

Das „Deutsche Reich“, wie es damals noch hieß, führte gegen insgesamt 67 Länder Krieg. Ab 1944 zogen aus Westen und Osten mächtige Armeen nach Deutschland, um den Krieg zu beenden: Von Westen kamen Soldaten aus den Ländern USA, Großbritannien und Frankreich, von Osten die Armee der Sowjetunion. Gemeinsam schafften sie es schließlich, Adolf Hitler und Deutschland zu besiegen.

Die Sowjetunion bestand aus insgesamt 14 asiatischen und europäischen Ländern. Das größte davon war Russland. In der Sowjetunion gab es nur eine Partei: die „Kommunistische Partei der Sowjetunion“ (KPdSU). Die entschied über alles, was im Land passierte. Vom Schulunterricht bis zu den Pflanzen, die die Bauern auf den Feldern anbauen sollten. Chef der KPdSU war Josef Stalin. Er bestimmte über die komplette Sowjetunion.

Josef Stalin war fast 30 Jahre lang der brutale Alleinherrscher über die Länder der Sowjetunion. Stalin war ein Deckname und bedeutet „der Stählerne“. In Wirklichkeit hieß Stalin „Dschugaschwili“ mit Nachnamen.

Am 8. Mai 1945 unterschrieben die Deutschen schließlich ihre „Kapitulation“. Das ist ein Vertrag, den die Besiegten unterzeichnen müssen, wenn ein Krieg verloren ist. Damit war der Zweite Weltkrieg offiziell beendet. Mehr als 55 Millionen Menschen sind in diesem Krieg gestorben. Außerdem wurden sehr viele Städte durch Bomben zerstört.

Besonders in der Sowjetunion hatten die deutschen Soldaten im Krieg viel zerstört und unzählige Menschen umgebracht.

Die vier Siegermächte USA, Frankreich, Großbritannien und Sowjetunion nennt man die „Alliierten“. (Man spricht das so aus: „Alli – ierten.“) Das Wort „alliiert“ kommt aus dem Lateinischen und bedeutet „verbündet“. Und weil die USA, Frankreich und Großbritannien zum Westen gehören und sich bald zusammentaten, nennt man alle drei zusammen auch „Westalliierte“.

Nach ihrem Sieg über die Deutschen blieben Soldaten der vier Siegermächte in Deutschland. Die Alliierten hatten nämlich Angst, dass Deutschland schnell wieder einen neuen Krieg anfangen würde, wenn sie das Land und die Menschen einfach sich selbst überließen. Also teilten sie Deutschland untereinander in vier Zonen auf. Jede Siegermacht sollte in einer Zone das Sagen haben. So wollten sie Deutschland gemeinsam kontrollieren. Auf der Landkarte sah das so aus:

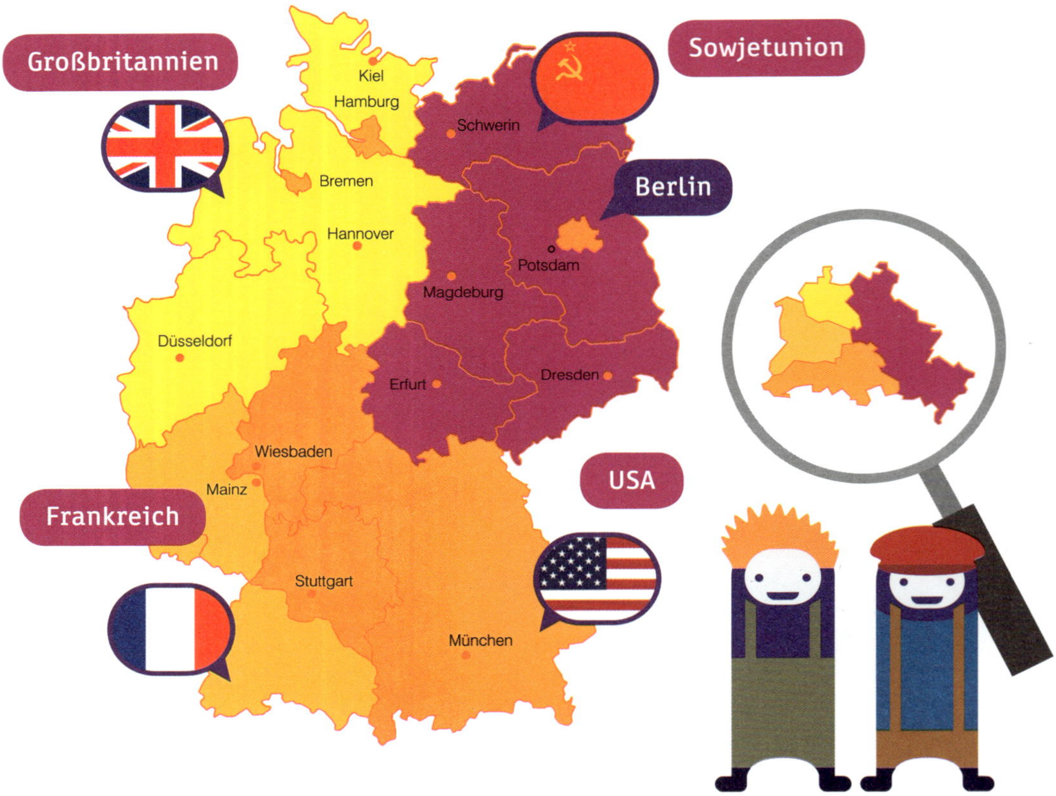

Das kleine bunte Puzzlestück rechts oben ist Berlin, die Stadt, in der auch Peter und Paul wohnen: Berlin war schon vor dem Krieg die Hauptstadt Deutschlands gewesen. Darum fanden es alle vier Siegermächte wichtig, dort etwas zu sagen zu haben. Also teilten sie auch Berlin untereinander in vier Teile auf. Jede Siegermacht durfte in „ihrem" Teil Deutschlands und Berlins bestimmen und ihn verwalten, wie sie wollte. Die Deutschen mussten sich daran halten.

Wie ging es den Menschen in Deutschland nach dem Ende des Zweiten Weltkrieges?

Für die Menschen in Deutschland hieß es erst einmal Aufräumen. Denn während des Krieges waren viele deutsche Städte von Bomben getroffen und schwer beschädigt worden. Alle mussten mithelfen, um das schlimmste Chaos zu beseitigen. Die meisten deutschen Männer waren allerdings noch nicht wieder nach Hause zurückgekehrt, weil sie als Soldaten in anderen Ländern hatten kämpfen müssen. Viele von ihnen waren gestorben oder von den Siegern in Gefangenschaft genommen worden. Darum schleppten vor allem Frauen und Kinder mit bloßen Händen schwere Steinbrocken von den zerbombten Plätzen weg, um wieder ein wenig Ordnung zu schaffen.

Weil nach dem Krieg vor allem Frauen die Trümmer beseitigten, nannte man sie „Trümmerfrauen“.

Sehr viele Menschen hatten durch die Bomben ihr Zuhause verloren. Sie litten Hunger und konnten sich nichts mehr zu essen oder zu trinken kaufen. Abgesehen davon, dass es kaum noch Lebensmittel zu kaufen gab, war ihr Geld, die „Reichsmark“, plötzlich nichts mehr wert.

Mara, 11: Wieso war die Reichsmark nichts mehr wert?

Während des Krieges ließ Hitler immer mehr Geld drucken, um all seine Waffen bezahlen zu können. Doch wenn man anfängt, einfach mehr und mehr Geld zu drucken, gibt es bald ein Problem: Es wird immer weniger wert. Und so war es auch nach dem Zweiten Weltkrieg. Das Geld war so wenig wert geworden, dass die Leute fast nichts mehr damit kaufen konnten. Dazu kam, dass es kaum noch das zu kaufen gab, was die Leute damals dringend brauchten: Lebensmittel, Schuhe oder Werkzeuge zum Beispiel. Manche Händler hatten zwar noch Verschiedenes in ihren Lagern, aber für das wertlose Geld wollten sie das lieber nicht verkaufen. Irgendwann begannen die Menschen daher, die Dinge, die sie brauchten, direkt miteinander zu tauschen – also zum Beispiel Essen gegen Werkzeug.

Um etwas zu essen zu bekommen, müssen Peter und Paul sich gemeinsam mit ihren Familien immer wieder etwas einfallen lassen: Ein paarmal gehen Peter und seine Mutter „organisieren", so wie viele an-

Vor dem Krieg war Deutschland eins der modernsten Länder der Welt. Danach funktionierte nichts mehr – kein Telefon, kein Radio. Nicht mal mit der Straßenbahn oder der U-Bahn konnte man noch fahren, denn viele Gleise waren zerstört worden.

dere Städter auch: Das heißt, sie packen zusammen, was sie noch an Wertsachen haben. Ein goldener Ring, ein Paar Strumpfhosen, einige Schrauben. Mit diesen Dingen im Gepäck reisen sie raus aufs Land und tauschen dort ihre Sachen gegen Lebensmittel ein. Denn die Bauern haben Felder, auf denen Kartoffeln und Obstbäume wachsen. Was ihnen fehlt, sind Werkzeuge, Kleidung und vieles mehr – eben Dinge, die sie von den Städtern bekommen können.
Paul und seine Familie haben Glück: Sein Vater hat im Krieg viele Zigaretten in einer Kiste versteckt. Die sind jetzt viel mehr wert als Geld, weil sie bei Erwachsenen sehr begehrt sind. Gegen Zigaretten kann man manchmal sogar ein Stück Fleisch oder Käse eintauschen.
Die Familien von Peter und Paul teilen ihre Lebensmittel miteinander, denn sie sind gut befreundet. Freunde zu haben, auf die man sich verlassen kann, ist auf einmal überlebenswichtig.

Welche Regeln für Deutschland bestimmten die Siegermächte?

1945 hatten die Siegermächte die ganze Verantwortung für Deutschland übernommen. Deutschlands Schicksal lag also jetzt in den Händen der USA, Großbritanniens, Frankreichs und der Sowjetunion.
Die Chefs der Siegermächte berieten sich und beschlossen gemeinsam verschiedene Dinge.
Sie bestimmten unter anderem, dass die Nationalsozialisten, die verantwortlich für die schlimmen Verbrechen des Krieges waren, verfolgt und bestraft werden sollten. Außerdem durften ehemalige Nationalsozialisten nicht mehr in wichtigen Berufen arbeiten, etwa bei der Polizei, in Gerichten und an Schulen.
Sie bestimmten, dass Deutschland alle Waffen abgeben müsse und keine neuen anschaffen dürfe. Und dass die Deutschen Entschädigungen an die Länder bezahlen sollten, gegen die sie Krieg geführt hatten. Dazu gehörte auch, dass vor allem die Sowjetunion ganze Fabriken in Deutschland abbauen und bei sich wieder aufbauen durfte. Denn dort hatten die Deutschen besonders viel Schaden angerichtet.
Und die Alliierten legten neue Grenzen für Deutschland fest: Die Ostgrenze Deutschlands zum Beispiel verschoben sie ein ganzes Stück

Sowjetische Soldaten bauten an vielen Stellen Deutschlands ganze Zuggleise ab, um sie in der Sowjetunion zu verwenden.

nach innen. Die Deutschen, die in dieser Gegend wohnten, mussten ihre Heimat verlassen und in andere deutsche Gebiete ziehen. All diese Beschlüsse schrieben die Alliierten gemeinsam im „Potsdamer Abkommen“ auf.

Die Siegermächte forderten außerdem, dass Deutschland ein demokratisches Land werden sollte.

Demokratie bedeutet übersetzt „Herrschaft des Volkes“. Für die Menschen, die in einem demokratischen Land leben, bedeutet das:

- Die Menschen haben das Recht, ihre Meinung frei zu sagen.
- Es gibt freie Wahlen, in denen die Menschen selbst bestimmen dürfen, wer sie regieren soll.
- Menschen dürfen sich versammeln und friedlich demonstrieren, wenn ihnen etwas nicht passt.
- Die Medien (also Zeitungen, das Radio, das Fernsehen und das Internet) dürfen frei über alles berichten, solange sie nicht lügen.

Allerdings zeigte sich bald: Die Siegermächte hatten von „Demokratie“ recht unterschiedliche Vorstellungen. Die Westalliierten wollten freie Wahlen und verschiedene Parteien mit unterschiedlichen Meinungen in Deutschland zulassen. Der Chef der Sowjetunion Stalin dagegen fand, dass nur die deutschen Parteien etwas zu sagen haben sollten, die seinen Ideen folgten – also kommunistische Parteien. (Was „kommunistisch“ bedeutet, erklären wir auf Seite 20.) Die anderen Parteien wollte er nach und nach beseitigen. Das hatte er in der Sowjetunion schon geschafft, und genau das plante er auch für Deutschland.
Obwohl die Alliierten Deutschland unter sich aufgeteilt hatten, hatten sie eigentlich nicht vor, aus Deutschland mehrere Länder zu machen. Im Gegenteil: Sie beschlossen, alle wichtigen Dinge in Zukunft gemeinsam zu regeln, damit Deutschland eins bleiben könnte.
Das war zumindest die Idee. In der Wirklichkeit funktionierte das aber nicht ganz wie geplant. Das lag unter anderem daran, dass sich die vier Siegermächte untereinander nicht besonders gut vertrugen. Sie waren sich zwar einig, dass Deutschland geschwächt und kontrolliert werden müsse, damit die Deutschen nicht noch einmal einen Krieg anfangen konnten – aber da hörten die gemeinsamen Ideen schon fast auf. Nach langen Diskussionen war klar: Die vier würden sich nicht einig. Die Sowjetunion stand mit ihren Vorstellungen auf der einen Seite, die Westmächte USA, Großbritannien und Frankreich standen gemeinsam auf der anderen.

Während die drei Westmächte in ihren Gebieten immer enger zusammenarbeiteten, ging die Sowjetunion im Osten Deutschlands ihren eigenen Weg.

Wieso hatten die drei Westmächte und die Sowjetunion Streit?

Der Streit war entstanden, als es darum ging, was für eine Art von Staat Deutschland in Zukunft werden sollte. Denn die Westmächte und die Sowjetunion hatten völlig gegensätzliche Ideen davon, wie ein guter Staat zu funktionieren hatte.
Die Chefs der Sowjetunion wollten im eigenen Land das System des **Kommunismus** errichten und glaubten, dass diese Staatsform irgendwann auf der ganzen Welt herrschen würde. Auch für Deutschland konnten sie sich das gut vorstellen.

Das Wort „Kommunismus" kommt vom Lateinischen „communis". Das heißt „gemeinsam".

Die Idee des Kommunismus ist: Alle Menschen sollen gleich sein. Es soll keine armen oder reichen Menschen geben, und alles gehört allen gemeinsam unter Aufsicht des Staates. Die großen Firmen zum Beispiel und auch die Felder oder die Häuser, in denen die Menschen wohnen. Der Staat mischt sich in sehr viele Bereiche des Lebens ein und kontrolliert sie. Die Menschen dürfen kaum mitbestimmen.
Befürworter des Kommunismus sagen: Der Kommunismus ist eine sehr gerechte Staatsform. Alle Menschen werden gleich behandelt, und niemand lebt auf Kosten anderer.
Kritiker des Kommunismus sagen heute: Die Idee klingt vielleicht gut, aber es gab noch nie ein kommunistisches System, das wirklich ge-

Die drei verschiedenen Staatsformen Kommunismus, Sozialismus und Kapitalismus im Vergleich:

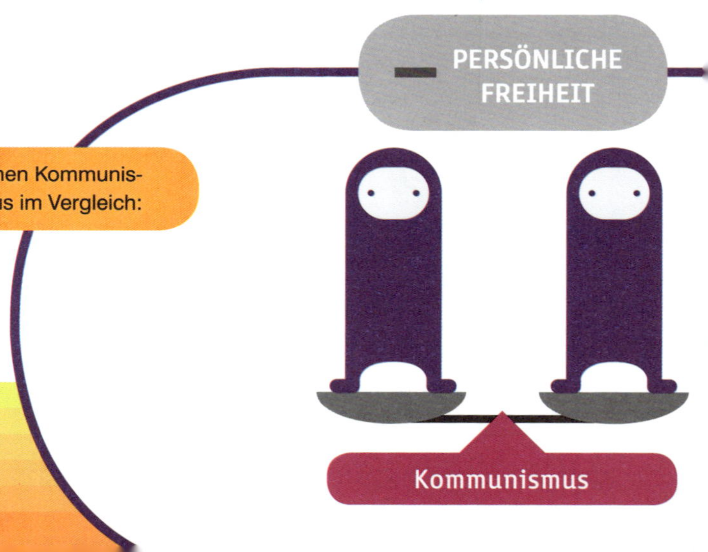

recht und gut war. Denn obwohl alle gleich sein sollen, gibt es auch im Kommunismus eine Regierung, die das Sagen hat. Bisher hat jede kommunistische Regierung ihre Bürger unterdrückt und diejenigen bestraft, die etwas gegen den Kommunismus gesagt haben.

In der Sowjetunion und später in der DDR war statt von Kommunismus oft von **Sozialismus** die Rede. Sozialismus kann zwei unterschiedliche Dinge bedeuten: Die meisten Leute damals meinten damit die Idee, dass alle Menschen gleich sein und mehr zusammenhalten sollten, und dass alle gemeinsam demokratisch bestimmen sollten, von wem sie regiert werden wollten.

Für Stalin und seine Leute bedeutete Sozialismus jedoch etwas anderes: Nämlich, dass die Leute in einem Land gezwungen würden, so zu leben, wie Stalin es wollte. Es sollte auch hier keine Unterschiede zwischen Arm und Reich geben, aber die Menschen durften nicht bestimmen, wer sie regieren sollte. Regieren wollte nämlich Stalin. Für ihn war der Sozialismus eine Art Vorstufe zum Kommunismus. In der Sowjetunion hatte Stalin seine Vorstellungen vom Sozialismus schon umgesetzt. Dasselbe wollte er nun in Deutschland tun.

Die Westmächte hatten jedoch ganz andere Pläne. Sie selbst waren „kapitalistisch" und wollten daher auch für Deutschland den **Kapitalismus**.

Im Kapitalismus soll jeder Mensch so viele Dinge besitzen dürfen, wie er will und kann, und für diese Dinge selbst verantwortlich sein. Im Kapitalismus ist es in Ordnung, dass es reiche und arme Menschen gibt. Der Staat mischt sich so wenig wie möglich ins Leben der Menschen ein. Befürworter des Kapitalismus sagen: Im Kapitalismus kann jeder Mensch frei sein. Jeder darf machen und sagen, was er will, solange er niemandem schadet.

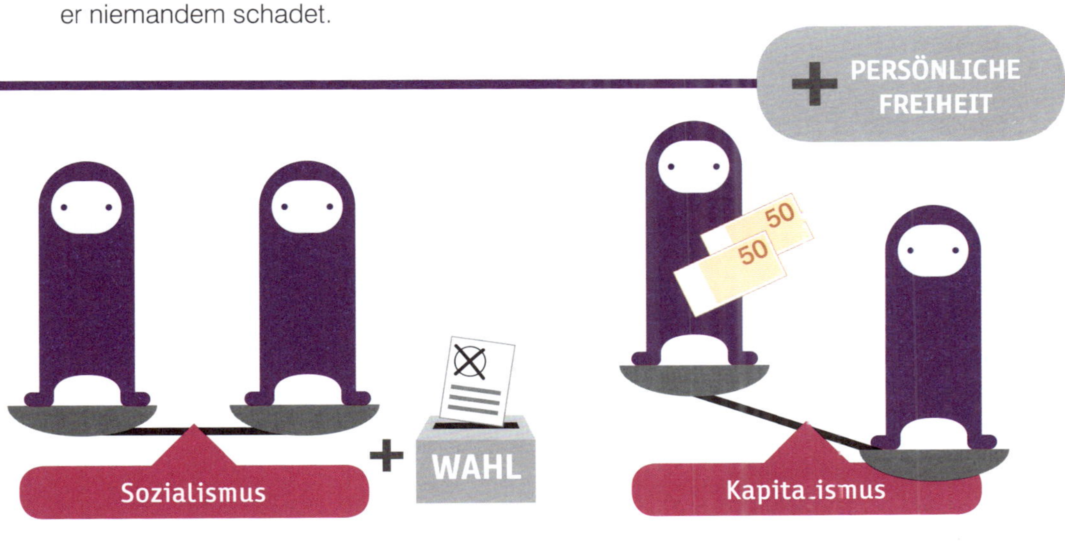

Kritiker sagen: Der Kapitalismus ist oft ungerecht, weil es zu große Unterschiede zwischen armen und reichen Menschen gibt. Außerdem: Dass der Staat sich kaum einmischt, heißt auch, dass er die Menschen kaum unterstützt. Und das ist vor allem für arme, hilflose Menschen schlecht.
Zusätzlich zum Kapitalismus wollten die Westmächte für Deutschland auch demokratische Wahlen, in denen die Menschen selbst darüber entscheiden können, wer sie regiert.

Bastian, 12: Wie fanden die Menschen in Deutschland die Idee mit dem Sozialismus?

Nach den schlimmen Erfahrungen, die sie mit Adolf Hitler und den Nationalsozialisten gemacht hatten, wollten viele einen richtigen Neuanfang, der gar nichts mehr mit dem alten Deutschland zu tun hatte. Die Idee des Sozialismus, dass alle Menschen gleich und füreinander da sein sollten, klang für viele sehr verlockend. Von Stalins Idee des Sozialismus oder gar vom Kommunismus hielten die meisten dagegen gar nichts.

Was veränderte sich für die Menschen durch die unterschiedlichen Vorstellungen der Siegermächte?

Weil die Westmächte und die Sowjetunion so unterschiedliche Vorstellungen von Deutschlands Zukunft hatten, veränderte das für die Menschen in den verschiedenen Teilen Berlins einiges. Allerdings merkten viele diese Veränderungen zuerst kaum.
Seit der Aufteilung Berlins lebt Paul im sowjetischen Teil und Peter im amerikanischen. Peter ist fasziniert von den amerikanischen Soldaten. Denn die haben immer mal Schokoriegel oder sogar Kaugummis dabei, die sie an die Kinder verteilen. Viele Kinder und Jugendliche gucken sich besonders von diesen Soldaten verschiedene Dinge ab,

zum Beispiel hören sie jetzt amerikanische Musik und wollen unbedingt diese noch ganz unbekannten Jeanshosen und T-Shirts tragen. Paul bekommt von all dem kaum etwas mit, denn in „seinem Teil“ Deutschlands haben sowjetische Soldaten das Sagen.

Langsam entstehen ein Ost- und ein Westdeutschland: zwei Teile desselben Landes, in denen immer mehr unterschiedlich läuft.

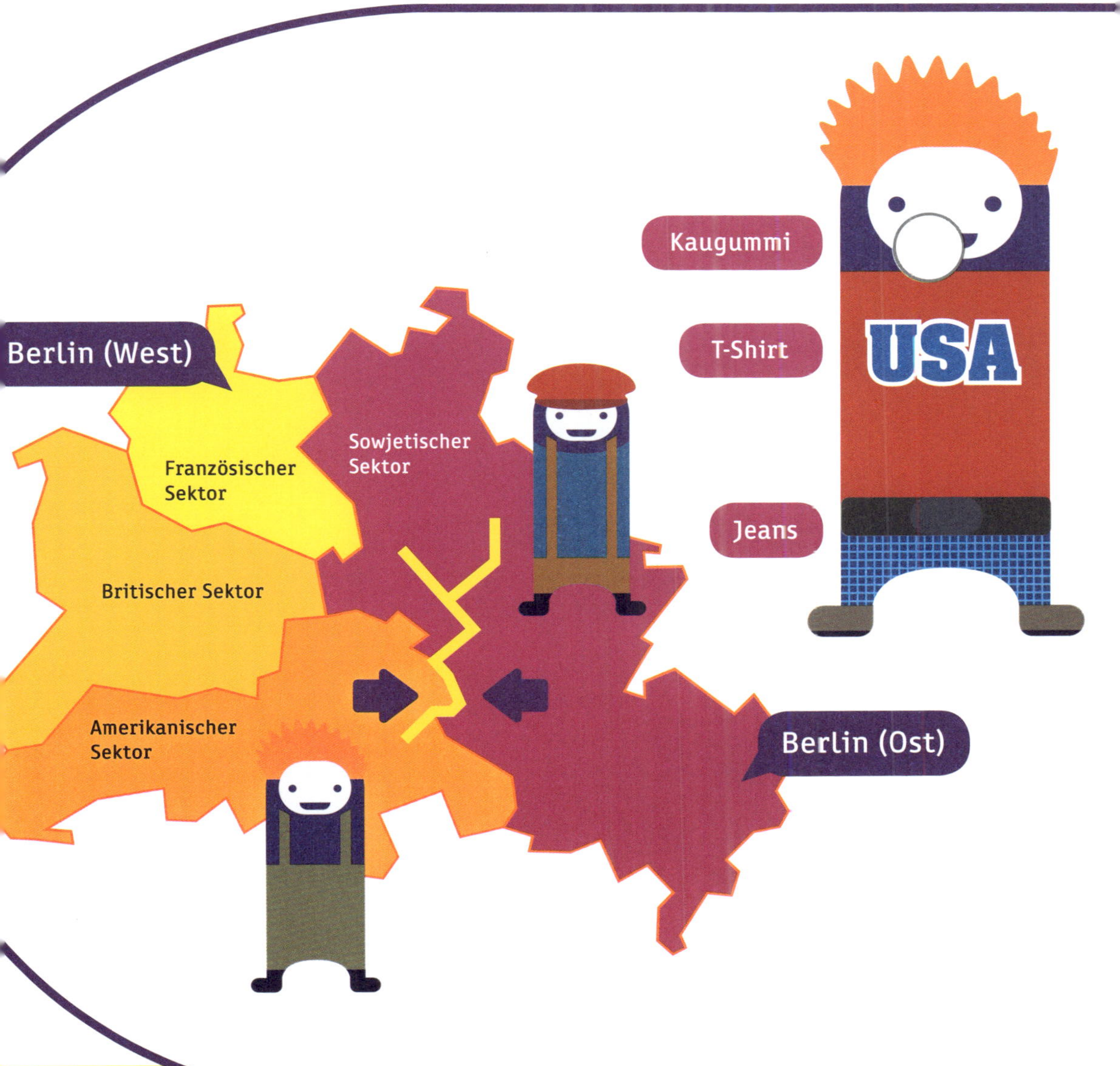

Der Alltag von Peter und Paul hat sich zum Ende der 1940er Jahre schon ein bisschen verändert. Aber von den wirklich großen Veränderungen, die sich gerade anbahnen, bekommen sie und auch die meisten Erwachsenen nur wenig mit. Diese Veränderungen haben mit der Politik zu tun. Denn Stalin und seine Leute mischen in der Politik der sowjetischen Zone Deutschlands kräftig mit!

Peter und Paul können endlich wieder zur Schule gehen. Die war nämlich während des Krieges zeitweise geschlossen.

Wie schaffte es die Sowjetunion, die Kontrolle über die ostdeutsche Politik zu behalten?

Mit raffinierten Tricks und vor allem dank der Partei KPD (der „Kommunistischen Partei Deutschlands"). Aber von vorn: Gleich nach dem Ende des Zweiten Weltkrieges gab es vier große Parteien im Osten von Deutschland. Die KPD war die einzige von ihnen, die voll und ganz hinter den Ideen der Sowjetunion stand. Ihre Anführer waren im Krieg in die Sowjetunion geflohen und 1945 nach Deutschland zurückgekehrt. Unter ihnen war Walter Ulbricht. Ein Mann, der für die DDR eine wichtige Rolle spielen sollte.

Walter Ulbricht

Steckbrief: Walter Ulbricht (1893–1973)

- war Kommunist
- floh im Krieg in die Sowjetunion, weil Hitler alle Kommunisten in Deutschland einsperren und viele sogar töten ließ
- arbeitete nach dem Krieg eng mit der Sowjetunion zusammen, um in Deutschland einen sozialistischen Staat aufzubauen
- war bis 1971 Chef der SED und damit auch der DDR
- sorgte 1961 dafür, dass in Berlin die Mauer gebaut wurde

Ulbricht und andere KPD-Mitglieder wollten nun die sowjetischen Ideen auch in Deutschland umsetzen. Die Mitglieder der anderen Parteien in Ostdeutschland fanden diese Ideen allerdings nicht gut. Aber die Sowjetunion hatte gleich mehrere Tricks auf Lager, um die KPD zu unterstützen. Sie half der KPD, weil die Sowjetunion mit ihrer Hilfe viel Einfluss in Deutschland haben würde.

Die Partei KPD arbeitete eng mit Stalin und der Sowjetunion zusammen. Beide wollten aus Deutschland einen sozialistischen Staat machen.

Trick 1:

Die Politiker der Sowjetunion forderten von den vier ostdeutschen Parteien: Sie sollten sich zusammentun und ihre Entscheidungen nur noch gemeinsam treffen. Alle vier hielten das erst für eine gute Idee. Denn ein Grund, warum einige Jahre zuvor Hitler an die Macht kommen konnte, war, dass die Parteien sich zerstritten hatten und keine gemeinsamen Entscheidungen mehr trafen. Allerdings: Weil die KPD so viel Unterstützung von den sowjetischen Besatzern bekam, wurde es immer schwieriger für die anderen Parteien, gegen die KPD zu stimmen.

Trick 2:

Kurz danach sorgte die Sowjetunion dafür, dass sich die beiden Parteien SPD und KPD zusammentaten. Gemeinsam bildeten sie die neue Partei „SED", die „Sozialistische Einheitspartei Deutschlands". In dieser hatten die KPD-Leute viel mehr zu sagen als die SPD-Mitglieder. Und die neue SED war viel größer als die beiden verbleibenden ostdeutschen Parteien – sie konnte also am meisten bestimmen.

Auf einem gemeinsamen Parteitag schüttelten sich die Chefs der Parteien KPD und SPD feierlich die Hände: Sie gründeten an diesem Tag gemeinsam die neue Partei SED. Aus diesem Händeschütteln wurde das Symbol der neuen Partei gemacht.

Trick 3:

Zusätzlich ließen die sowjetischen Politiker zwei Scheinparteien gründen. Es sollte so aussehen, als hätte Ostdeutschland viele Parteien mit unterschiedlichen Ideen, zwischen denen die Menschen wählen konnten. Aber ihr ahnt es schon: In Wirklichkeit steckten auch hinter den Scheinparteien SED-Leute.

Durch diese drei Tricks hatte die Sowjetunion es in Ostdeutschland geschafft, dass – ganz wie in der Sowjetunion auch – nur eine einzelne Partei das Sagen hatte. Mit Demokratie hatte das Ganze nichts mehr zu tun.

Wie mächtig war die SED?

Sehr mächtig. Sie sollte die einzige Bestimmer-Partei der ganzen DDR werden. Seit ihrer Gründung versuchte die SED schnell, sich überall einzumischen: Schon in den Kindergärten und Schulen sollten die Kleinsten lernen, dass die SED die einzig wahre und allerbeste Partei sei und dass man der Partei gegenüber gehorsam sein müsse. Bald kontrollierte sie wirklich alles: wer auf welche Schule gehen konnte, wie Kinder ihre Freizeit verbringen sollten und welchen Beruf man ausüben durfte. Schnell lernten die Menschen: Wer sich der Partei in den Weg stellte, musste damit rechnen, überwacht und manchmal sogar eingesperrt zu werden.
Die SED arbeitete viel mit „Propaganda“.

Das Abzeichen der Jungpioniere

Paul und die anderen Kinder bekommen schon bei den Pionieren beigebracht, dass der Kommunismus die beste Staatsform sei. (Was es mit den Pionieren auf sich hat, erfahrt ihr auf Seite 74!)

Propaganda bedeutet, dass gezielt die Ideen und Meinungen einer bestimmten mächtigen Gruppe verbreitet werden, um andere Menschen von diesen zu überzeugen. Die Ideen sind meist sehr vereinfacht dargestellt und werden ständig wiederholt, damit irgendwann jeder sie glaubt. Propaganda kann zum Beispiel übers Fernsehen oder Radio, über Zeitungen und Plakate und heute natürlich auch übers Internet verbreitet werden.

Die Bürger konnten bei der Politik der SED nicht mitentscheiden und die Partei auch nicht mehr abwählen. Denn echte, freie Wahlen hatte die SED noch vor der Gründung der DDR abgeschafft. Eine typische Wahl in der späteren DDR sah etwa so aus:

Jeder Bürger konnte zwischen zwei Möglichkeiten wählen:
Man konnte entweder für die SED-Regierung stimmen. Dafür musste man nur den Wahlzettel falten und in die Wahlurne werfen, fertig – ganz ohne Kreuzchen. Oder man konnte gegen die Regierung stimmen. Wer das wollte, musste das in einer Wahlkabine tun. Die Geheimpolizei der DDR, die „Stasi", konnte damit sofort sehen, wer nicht für die SED war. (Was genau die „Stasi" war, erfahrt ihr auf Seite 90!)

Walter Ulbricht und die SED hatten bald über die meisten Bereiche im ostdeutschen Leben die Macht: von Politik und Geldgeschäften bis zur Schulausbildung der Kinder.

Vielleicht denkt ihr euch: „Ich würde einfach gar nicht zur Wahl gehen!" Aber das war auch nicht möglich: Denn wer nicht hinging, konnte noch am selben Tag Besuch von SED-Mitgliedern bekommen und wurde aufgefordert, bis 18 Uhr im Wahllokal zu erscheinen.

Sara, 13: Warum zwangen die SED-Politiker den Menschen ihre Meinung auf und ließen sie nicht frei wählen?

Sie waren davon überzeugt, mit ihren Entscheidungen eine bessere Zukunft für die Menschen zu schaffen. Das Problem war allerdings, dass sie andere Vorstellungen darüber, wie Deutschland aussehen sollte, nicht akzeptierten. Jeder mit einer anderen Meinung galt für die SED als Feind. Auch wer zum Beispiel an Gott glaubte und seine Religion ausüben wollte, hatte es sich schnell verscherzt. (Mehr zu den Problemen der SED mit der Kirche erfahrt ihr auf Seite 76.)

Wenn man später in der DDR von „der Partei" sprach, war damit immer die SED gemeint, obwohl ja noch andere Parteien existierten. Aber allen war klar: Die SED war die einzige Partei, die etwas zu sagen hatte. Es gab sogar ein offizielles Lied über die SED, dessen Refrain ging so:

„Die Partei, die Partei, die hat immer recht! Und, Genossen, es bleibe dabei. Denn wer kämpft für das Recht, der hat immer recht, gegen Lüge und Ausbeuterei."
Dass eine Partei oder sonst wer immer recht haben soll, klingt irgendwie seltsam. Denn niemand hat automatisch immer recht! Aber dieses Lied wurde tatsächlich auf Parteitagen der SED gesungen, und es war vollkommen ernst gemeint.

Wie war das mit der Politik in Westdeutschland?

Während in Ostdeutschland (der sowjetischen Zone) alles auf die Partei SED hinauslief, sah es im Westteil Deutschlands ganz anders aus. Hier achteten die westlichen Alliierten darauf, dass bei allen wichtigen Entscheidungen viele verschiedene Parteien mitbestimmen durften. Damit wollten die Westalliierten verhindern, dass wieder wie damals vor dem Zweiten Weltkrieg eine einzelne Partei (wie die Nationalsozialisten) oder ein einzelner Mensch (wie Adolf Hitler) zu viel Macht in die Finger bekäme.

In Westdeutschland bildeten sich teilweise wieder die Parteien, die es schon vor Hitlers Zeit gegeben hatte (zum Beispiel die SPD). Aber es entstanden auch neue: Die Christlich-Demokratische Union (CDU) und ihre Schwesterpartei, die Christlich-Soziale Union (CSU) aus Bayern, waren zusammen mit der Freien Demokratischen Partei (FDP) die wichtigsten neu gegründeten Parteien. Die gibt es, genau wie die SPD, auch heute noch.

Der entscheidende Unterschied zum Ostteil Deutschlands war: Im Westteil fanden freie Wahlen statt. Das heißt, jeder Bürger durfte ganz geheim seine Stimme einer von vielen Parteien geben. Niemand kontrollierte, wem er seine Stimme gab.

Während es in Peters Teil von Deutschland bald viele Parteien gibt, zwischen denen die Menschen frei wählen können, hat in Pauls Teil nur eine Partei das Sagen.

Die Jahre 1948–1955

Ab und zu kriegen sich Peter und Paul in die Haare – wie das unter Freunden eben manchmal so ist. Aber nicht nur zwischen den beiden herrscht dicke Luft: Auch zwischen den Westalliierten und der Sowjetunion kracht es! Der Unterschied: Peter und Paul vertragen sich immer wieder. Die Besatzungsmächte nicht.

Welchen Ärger gab's ums Geld?

Weil die Reichsmark wertlos geworden war (wieso, erzählen wir auf Seite 16), druckten die Westmächte für ihren Teil Deutschlands neues Geld: die D-Mark. Am 20. Juni 1948 bekam jeder Bewohner der Westzone 40 D-Mark. Außerdem konnten die Leute ihr altes Geld umtauschen. Für 100 Reichsmark erhielten sie noch sechs D-Mark und 50 Pfennige. So war ein Neuanfang gemacht.

Und weil die Händler dem neuen Geld vertrauten, verkauften sie nun auch wieder alles, was sie noch irgendwo im Lager finden konnten. Und die Handwerker und Fabriken stellten neue Dinge her, sodass bald die Läden in Westdeutschland gut gefüllt waren. Dank des neuen Geldes waren nun in Westdeutschland die Zeiten der Tauschgeschäfte vorbei.

Die Sowjets waren überrascht davon. Und sie hatten gar keine Wahl: Auch sie mussten in ihrer Zone die Reichsmark endgültig abschaffen, denn dank der Geldumstellung im Westen war die Reichsmark nun wirklich gar nichts mehr wert. Anders als der Westen konnten sie auf die Schnelle jedoch kein neues Geld drucken. Stattdessen klebten sie innerhalb kürzester Zeit auf Tausende der alten Reichsmark-Scheine Aufkleber mit dem neuen Wert des Geldes und verteilten es an die Menschen.

Weil der neue Geldwert einfach auf die alten Scheine draufgekleistert worden war wie beim Tapezieren, nannten die Menschen das neue Ostgeld auch „Tapetenmark“ oder „Klebemark“. In der ostdeutschen Zone bekam jeder 70 Mark.

Stalin forderte von den Westalliierten, dass in West-Berlin (das ja wie eine kleine westdeutsche Insel mitten in der sowjetischen Zone lag) mit Ostgeld statt mit Westgeld bezahlt werden sollte. Denn mit einer gemeinsamen Währung hätte er West-Berlin enger an die Sowjetunion binden und Berlin vielleicht irgendwann ganz übernehmen können. Diesen Plan durchschauten die Westmächte aber und sagten: „Nix da!“ Sie lieferten also die neue D-Mark auch nach West-Berlin.

Die Sowjets reagierten darauf prompt: Sie schalteten den West-Berlinern den Strom ab. Und sie blockierten alle Wege, die nach West-Berlin rein- und rausführten: die Straßen, die Schienen und sogar die Wasserwege für die Schiffe. Das heißt, die West-Berliner konnten sich von außerhalb weder Lebensmittel noch Medizin noch sonst etwas besorgen – sie waren eingeschlossen. Mit dieser Blockade wollten die Sowjets erreichen, dass die Westalliierten ihnen Berlin ganz überließen.

Die Westalliierten waren in einer Zwickmühle: Einerseits konnten sie schlecht zusehen, wie die Menschen in West-Berlin verhungerten, aber andererseits wollten sie Stalin die Stadt auch nicht einfach überlassen. Also beschlossen sie, die mehr als zwei Millionen Einwohner

Peter und die anderen Kinder rennen immer schnell nach draußen, wenn sie die Flugzeuge sehen: Denn einige Piloten werfen bei der Landung auch Süßigkeiten an Fallschirmen ab. Deshalb nennen viele die Flugzeuge „Rosinenbomber“.

aus der Luft zu versorgen. Denn das war der einzige Weg, den die Sowjets nicht blockierten. Im Minutentakt landeten auf den West-Berliner Flughäfen von nun an Flugzeuge und versorgten so die Menschen mit allem, was sie brauchten. Ganze elf Monate lang ging das so! Erst im Mai 1949 gab die Sowjetunion nach und hob die Blockade von West-Berlin auf.

Diese Unterstützung aus der Luft nennt man auch „Luftbrücke". Die Blockade von West-Berlin war der Beginn des sogenannten Kalten Krieges.

Was war der Kalte Krieg?

Im Kalten Krieg standen sich vor allem die mächtigen Gegner Sowjetunion und USA gegenüber. Stellt euch zwei Banden vor, die miteinander Streit haben. Nennen wir sie mal die Roten und die Schwarzen. Natürlich will keiner aus den beiden Banden gern in eine Prügelei verwickelt werden, denn auf ein blaues Auge ist niemand scharf. Andererseits wollen die Roten, dass die Schwarzen Angst vor ihnen haben, damit sie gar nicht erst auf die Idee kommen, anzugreifen. Also schaffen sich die Roten Stöcke an und sorgen dafür, dass das die Schwarzen mitkriegen.

Die Schwarzen bekommen tatsächlich etwas Angst, aber das wollen sie den Roten natürlich nicht zeigen. Lieber wollen sie beweisen, dass sie selbst die Stärkeren sind, und den Roten Angst einjagen, damit die wiederum nicht angreifen. Also besorgen sich die Schwarzen Steine. Und so geht es immer weiter. Keine der beiden Gruppen möchte wirklich, dass es zu einer Schlägerei kommt. Aber beide schaffen sich zur Abschreckung des anderen immer gefährlichere Waffen an. Wenn es jetzt irgendwann wirklich zu einer Prügelei käme, würde das durch die gefährlichen Waffen richtig schlimm enden.

Ungefähr so lief es damals mit der Sowjetunion auf der einen Seite und den USA mit ihren Unterstützern Frankreich und Großbritannien auf der anderen ab. Sie wollten sich gegenseitig beweisen, wie stark sie waren, hatten aber auch Angst voreinander. Also schafften sie sich wie die Banden immer mehr und gefährlichere Waffen an. „Wettrüsten“ nennt man das. Jahrzehntelang ging das so hin und her. Der Kalte Krieg endete erst 1991, als die Sowjetunion zusammenbrach.

Niklas, 10: Wieso heißt es „Kalter Krieg“?

„Kalter Krieg“ nennt man einen Krieg, in dem nicht direkt mit Waffen gekämpft wird. Die Waffen bleiben also kalt. Stattdessen bekämpfen sich die Gegner mit Worten und Drohungen oder indem sie einander immer neuere und schlimmere Waffen präsentieren.
Einige Male wäre aus dem Kalten Krieg fast ein „Heißer“ Krieg geworden. Zwischendurch, in den 1960er Jahren, stand sogar die ganze Welt kurz vor einem dritten Weltkrieg! Der konnte aber zum Glück durch Verhandlungen und Gespräche zwischen den beiden Seiten gerade noch abgewendet werden.

Deutschland hatte mit dem Streit der beiden Seiten eigentlich gar nichts zu tun. Da aber sowohl die Sowjetunion als auch die USA je einen Teil des Landes besetzt hatten, steckte Deutschland trotzdem

mittendrin im Kalten Krieg. Es wurde immer klarer, dass Deutschland wegen dieses Streits irgendwann in zwei Teile zerbrechen würde. Und das passierte dann auch etwa ein Jahr nach der Blockade Berlins.

NATO und Warschauer Pakt

Sowohl die Westalliierten als auch die Sowjetunion schufen während des Kalten Krieges zusammen mit anderen Ländern Militärbündnisse. Das heißt, die Länder schlossen einen Vertrag miteinander. Darin stand, dass alle bei einem Krieg zusammenhalten würden. Würde also eins der Länder angegriffen, versprachen die anderen Länder, es mit Soldaten und Waffen zu unterstützen.
Auf der einen Seite bildete sich im April 1949 die NATO, das ist kurz für „North Atlantic Treaty Organization" und bedeutet „Nordatlantikpakt". Mitglieder waren neben den USA zehn westeuropäische Staaten sowie Kanada – alles „kapitalistische" Staaten. Auch der westliche Teil Deutschlands, die spätere Bundesrepublik, gehörte dazu. (Übrigens: Das vereinigte Deutschland ist auch heute noch Mitglied der NATO.)
Auf der anderen Seite entstand im Mai 1955 der „Warschauer Pakt": Dort waren acht kommunistische und sozialistische Staaten unter der Führung der Sowjetunion miteinander vereint, auch die DDR. Der Warschauer Pakt sollte ein Gegenstück zur NATO sein. Es gab ihn bis zum Ende der Sowjetunion 1991.
Beide Bündnisse behaupteten, dass sie keinen Krieg mit der anderen Seite wollten und nur zur Verteidigung da seien.

Wie entstand die Bundesrepublik Deutschland?

Im September 1948 traf sich eine Gruppe von 65 deutschen Politikern aus dem Westteil Deutschlands in Bonn: der Parlamentarische Rat. Sie wollten sich offizielle Regeln überlegen, nach denen Deutschland als Staat funktionieren sollte. Diese Regeln stellten sie erst mal nur für den westlichen Teil Deutschlands auf.

Die Grundregeln, an die sich alle Menschen in einem Staat zu halten haben, werden gesammelt und aufgeschrieben. Diese Sammlung heißt „Verfassung“. Normalerweise zumindest. In diesem Fall nannten die Politiker ihre Regelsammlung aber anders, nämlich „Grundgesetz“. Wieso? Das lag daran, dass niemand aus dem Ostteil Deutschlands bei dem Treffen dabei war. Indem sie ihre Gesetzessammlung nur „Grundgesetz“ nannten, wollten die westdeutschen Politiker den Menschen im Osten Deutschlands und auch den Politikern in der Sowjetunion zeigen, dass die Verfassung nur vorläufig sein sollte, bis sich der Ost- und der Westteil Deutschlands auf eine gemeinsame Verfassung geeinigt hätten.

Im Grundgesetz stehen die wichtigsten Gesetze Deutschlands. Obwohl Ost- und Westdeutschland heute wieder vereint sind, heißt die deutsche Verfassung immer noch „Grundgesetz“.

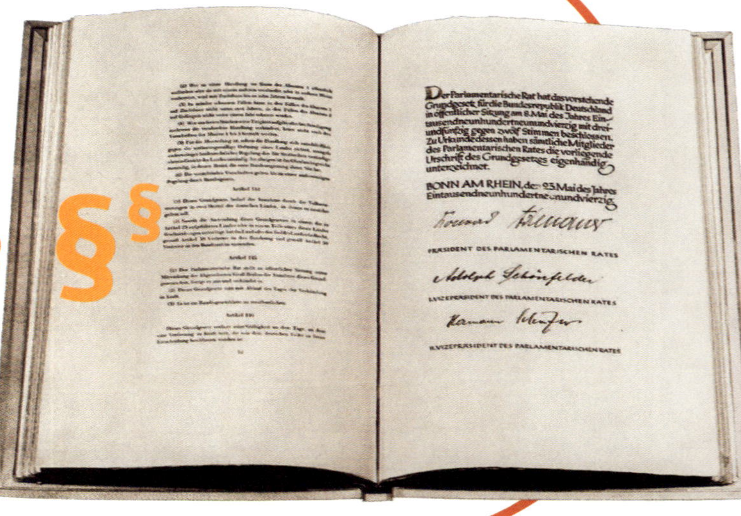

Dass Deutschland auf lange Sicht getrennt sein würde, damit rechnete damals niemand wirklich.
Am 23. Mai 1949 stand das Grundgesetz fest. Damit war die Bundesrepublik Deutschland gegründet. Im August 1949 wählten die Menschen im Westen dann zum ersten Mal den Deutschen Bundestag. Der wählte einen Monat später den CDU-Politiker Konrad Adenauer zum ersten Bundeskanzler der Bundesrepublik Deutschland.

Konrad Adenauer wurde respektvoll „der Alte“ genannt, weil er schon 73 Jahre alt war, als er zum ersten Bundeskanzler der Bundesrepublik Deutschland wurde. Er blieb trotzdem noch ganze 14 Jahre lang im Amt!

Wie entstand die DDR?

Nachdem aus dem westlichen Besatzungsgebiet der Staat „Bundesrepublik Deutschland“ entstanden war, musste auch aus der sowjetischen Besatzungszone ein eigener Staat werden.
Stalin war sauer. Er hatte ein vereintes Deutschland gewollt, in dem seine deutschen KPD-Kommunisten rund um Walter Ulbricht mitregieren sollten. Und er selbst hätte aus dem Hintergrund unbemerkt die deutsche Politik mitbestimmen können und irgendwann vielleicht

ganz Deutschland nach und nach zu einem Land nach seinen Vorstellungen gemacht. Stalin hatte also nicht bloß den Osten Deutschlands gewollt, sondern das ganze Land. Aber dieser Traum war nach der Gründung der Bundesrepublik Deutschland ja nun ausgeträumt.

Die Parteichefs der SED dagegen freuten sich, denn in einem vereinten Deutschland hätten sie ihre Macht wahrscheinlich nicht behalten können: Sie hätten eben im besten Fall *mit*regiert und sicher nicht allein das Sagen gehabt. Das sah im Ostteil anders aus: Dort konnten sie inzwischen schon ziemlich viel allein bestimmen und hofften, dass sie das in einem eigenen Staat bald noch mehr könnten.

Am 7. Oktober 1949 wurde die DDR gegründet, die Deutsche Demokratische Republik. Im Gegensatz zur Bundesrepublik Deutschland nannte die DDR ihre Staatsregeln ganz absichtlich „Verfassung" und nicht „Grundgesetz". Auf diese Weise zeigten die Politiker des neuen Staates DDR: Wenn es jemals wieder zu einer Vereinigung Deutschlands käme, sollten bitte schön *ihre* Staatsregeln für alle gelten. Die

Die Hauptstadt des neuen Staates DDR wurde Ost-Berlin. West-Berlin stand weiter unter dem Schutz der westlichen Siegermächte.

DDR war jetzt ein eigenständiger Staat mit einer eigenen Regierung und Wirtschaft. Zumindest offiziell. In Wirklichkeit blieb bei allen wichtigen Fragen die Sowjetunion der Bestimmer über die DDR.
Leider zeigte sich bald, dass die „Deutsche Demokratische Republik" nur „demokratisch" hieß, es aber gar nicht war. In der Verfassung standen zwar demokratische Grundrechte wie das Recht, die eigene Meinung sagen zu dürfen, aber in Wirklichkeit konnten die Menschen ihre Meinung eben nicht frei sagen. (Was sonst noch alles zu einer echten Demokratie gehört, könnt ihr auf Seite 18 nachlesen.)

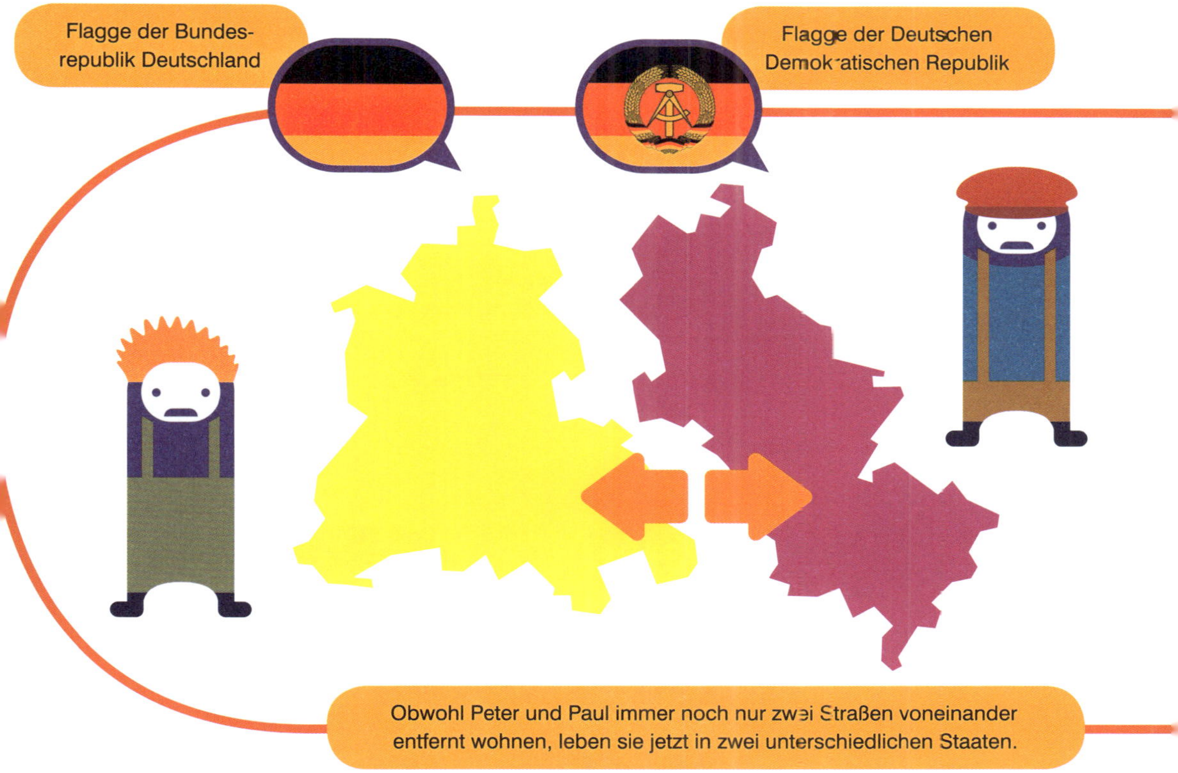

In einer späteren Version der DDR-Verfassung stand sogar drin, dass die SED immer die Bestimmer-Partei der DDR sein sollte. Und das ist das genaue Gegenteil von demokratisch! Denn in einer Demokratie dürfen die Menschen selbst in freien, geheimen Wahlen bestimmen, welche Partei sie regieren soll.

Die Sache mit d

Peter und Paul sind inzwischen 13 Jahre alt. Sie merken immer mehr, wie sich die beiden deutschen Staaten in zwei unterschiedliche Richtungen entwickeln. Sie sehen das vor allem daran, dass sich Peter im Westen bald viel mehr Dinge kaufen kann als Paul im Osten. Wenn er sieht, wie viele verschiedene Sachen es im Westen zu essen gibt, kann Paul richtig neidisch werden. Denn bei ihm im Osten bekommt

weiter jeder nur eine bestimmte, eher kleine Menge von allem zugewiesen. So ist jeder versorgt, aber die Auswahl ist gering.
Dass sich die beiden deutschen Staaten bald so sehr voneinander unterschieden, lag zu einem großen Teil an der unterschiedlichen Art, wie sie mit der „Wirtschaft" umgingen.

Wie sah die Wirtschaft im Westen aus?

„Wirtschaft" ist der Kreislauf vom Kaufen und Verkaufen von Waren.

In der Wirtschaft, wie wir sie kennen, funktioniert das mit dem Kaufen und Verkaufen etwa so: Die Firma Flimmer baut Fernseher. Die Chefs versuchen, besonders tolle Fernseher zu bauen, die vielen Menschen gefallen. Wenn viele Menschen ihre Fernseher kaufen, kann die Firma Flimmer immer mehr davon bauen. Mit dem Geld, das sie so verdient, stellt sie neue Leute ein und kauft modernere Maschinen für noch bessere Fernseher. Wenn aber nur wenige Leute Fernseher der Firma Flimmer kaufen wollen, stellt die Firma weniger Fernseher her und muss vielleicht Leute entlassen.
Den Preis für die Fernseher bestimmt die Firma Flimmer allein und auch über das Gehalt der Arbeiter entscheidet sie selbst. Andere Firmen können beschließen, ebenfalls Fernseher zu bauen und sie besser oder preiswerter als die der Firma Flimmer anzubieten, um ihr so Konkurrenz zu machen. Der Staat mischt sich bei all dem nicht ein.
Dieses System nennt man **freie Marktwirtschaft**.

Ob die Arbeiter fair bezahlt werden oder nicht, bestimmt in der freien Marktwirtschaft der Chef.

Genau das hatte die Regierung der USA nach dem Krieg für den Westteil Deutschlands vorgesehen: die freie Marktwirtschaft. Sie hatte sich Gedanken gemacht: „Wie können wir es schaffen, dass die Menschen in Westdeutschland unseren Kapitalismus besser finden als den Kommunismus der Sowjetunion?“ Die USA hofften nämlich, dass sie bald eng mit Deutschland zusammenarbeiten könnten und die Deutschen viele Produkte aus den USA kaufen würden. Sie hatten eine Idee:

Zu dieser Idee gehörte, dass sie Deutschland mit Geld aus ihrer eigenen Kasse wieder aufbauen helfen wollten. Dieses Vorhaben hieß **Marshall-Plan**.

Geld aus ihrer Kasse boten die USA allen europäischen Ländern an, auch denen, die zur Sowjetunion gehörten. Natürlich hofften sie, so auch dort mehr Einfluss zu bekommen. Stalin wusste genau, dass die USA sich mit dem Marshall-Plan Macht in Europa sichern wollten. Er verbot darum allen Ländern der Sowjetunion, dieses Geld anzunehmen. Die Sowjetunion machte also beim Marshall-Plan nicht mit.

Die Geld-Hilfe der USA wurde Marshall-Plan genannt. Ihr Namensgeber war US-Außenminister George Marshall.

Die meisten westdeutschen Politiker waren sich einig: *Genau* wie in den USA sollte der deutsche Kapitalismus nicht werden. Der Staat sollte zumindest ein bisschen Kontrolle über die Wirtschaft behalten und aufpassen, dass die Besitzer der großen Firmen die Arbeiter nicht ausnutzten. Deswegen entwickelten Politiker in Deutschland die **Soziale Marktwirtschaft**.

Das heißt: Der Staat mischt sich hier und da ein und versucht so, Ungerechtigkeiten zu verhindern. Und zwar mit Gesetzen, etwa zum Thema Kündigungsschutz: Dadurch soll verhindert werden, dass Menschen von einem Tag auf den anderen einfach entlassen werden können.

Der Staat soll also dafür sorgen, dass die Schwächeren (das heißt meist die Arbeiter) besser geschützt werden. Die Soziale Marktwirtschaft gilt auch heute noch im vereinten Deutschland.
Trotz des Geldes aus dem Marshall-Plan und sozialer Marktwirtschaft lief es in den ersten Jahren nach dem Krieg für die Menschen in Westdeutschland noch nicht rund: 1950 gab es immer noch sehr viele Arbeitslose. Alles, was man kaufen konnte, war sehr teuer, und die Löhne waren niedrig. Nach und nach änderte sich das aber, und die westdeutsche Wirtschaft funktionierte immer besser: Die Fabriken stellten immer mehr Dinge her und verkauften sie. Dadurch verdienten die Fabrikbesitzer mehr. Aber sie behielten davon nicht allzu viel für sich, sondern steckten das Geld lieber wieder in ihre Fabriken: Sie bauten sie aus und machten sie mit neuen Maschinen moderner. Und auch die Arbeiter erhielten immer mehr Lohn.
So langsam kam es zum ersehnten Wohlstand. Weil sich jeder plötzlich sehr viel kaufen konnte und die Regale nach den harten Kriegsjahren endlich wieder voll mit Lebensmitteln waren, nennt man diese Zeit der 1950er Jahre im Allgemeinen auch **Wirtschaftswunderjahre**.

Peter freut sich riesig über die vollen Regale! Er liebt es, Essen zu kaufen. Endlich müssen er und seine Familie nicht mehr hungern.

Was war an der Wirtschaft der DDR anders als im Westen?

Die Wirtschaft der DDR nannte sich **Planwirtschaft**. Das kommt daher, dass besonders viel vom Staat geplant und kaum etwas dem Zufall überlassen werden sollte.
Eine eigene Gruppe der Regierung, die sogenannte „Plankommission", überlegte sich: „Was brauchen die Menschen in den kommenden fünf Jahren?" Dann plante sie, wie viele verschiedene Waren hergestellt werden müssten und wie viele Arbeiter und welche Rohstoffe man dafür brauchen würde. Für jedes Produkt gab es oft nur eine einzige Firma, die es herstellte. Konkurrenz gab es also nicht. Und die Plankommission plante noch etwas: den Preis.
Mit der Planwirtschaft wollte die Regierung sicherstellen, dass jeder zu einem niedrigen Preis alle wichtigen Dinge zum Leben kaufen konnte.

Zurück zum Beispiel Fernseher. Die Plankommission überlegt:

Aus solchen Überlegungen berechnen die Planer, wie viele Fernseher in den nächsten fünf Jahren hergestellt werden sollen. Die Zahl geben sie an einen Fernseher-Hersteller weiter, und der produziert dann genau die vorgegebene Menge. Nicht mehr und nicht weniger. Und das zu einem festen Preis.
Das Problem an diesem Wirtschaftssystem war: Die Plankommission vertat sich ziemlich oft. Zum Beispiel damals, als zum ersten Mal Farbfernseher hergestellt wurden. Die Experten überlegten: „Viele Leute haben ja schon einen Schwarz-Weiß-Fernseher. Sie wollen sich sicher keinen teuren Farbfernseher leisten." Aber da irrten sie sich: In Wirklichkeit wollten nämlich sehr wohl viele Menschen Geld für einen Farbfernseher ausgeben. Wegen der Berechnungen der Experten waren aber nur sehr wenige Farbfernseher hergestellt worden. Die Plankommission hatte die Wünsche der Menschen ganz falsch eingeschätzt. Darum mussten viele in der DDR lange warten, bis sie endlich einen Farbfernseher kaufen konnten.
Vielleicht denkt ihr euch: „Na ja, auf einen Farbfernseher könnte ich zur Not verzichten ..." Da habt ihr sicher recht. Schlimm wurde es aber, wenn sich die Plankommission vertat, wie viel Essen wo benötigt wurde. Es passierte nämlich leider häufig, dass zum Beispiel in einen Ort kein Mehl geliefert wurde, und die Menschen woanders viel zu viel davon bekamen. Auf bestimmte Lebensmittel verzichten zu müssen, bloß, weil sich jemand „verplant" hat – das ist wirklich ein Problem.

Emma, 10: Wenn in der DDR alle Menschen gleich sein sollten – verdienten dann auch alle gleich viel Geld?

Nein. Nicht alle Menschen verdienten gleich viel. Eine Kindergärtnerin verdiente in den 1980er Jahren etwa 550 Mark, ein Lokführer etwa 1.400 Mark. Wie viel die Staats-Chefs Ulbricht und Honecker verdienten, ist unklar.

Wie schaffte es die DDR-Regierung, dass ihr bald die meisten Felder und Fabriken gehörten?

Bald nach Kriegsende hatte sich die Partei SED einen Plan überlegt, um die Landwirtschaft in Schwung zu bringen und gleichzeitig alles neu zu verteilen. Die Menschen, denen große Flächen Land (mehr als 100 Hektar) gehörten, mussten ihr Land abgeben: Das betraf vor allem reiche Großbauern und Leute, die bekannte Nationalsozialisten gewesen waren. Dieses Land ließ die Regierung neu verteilen und gab es unter anderem Kleinbauern und Menschen, die durch den Krieg ihre Heimat verloren hatten. Für die Besitzer der Äcker war diese „Enteignung" eine schlimme Sache: Sie mussten innerhalb eines Tages ihren Hof verlassen und durften nur so viel mitnehmen, wie auf einen Handkarren passte. Gerecht war das sicher nicht.

Andere freuten sich: Pauls Onkel Fritz hatte nach dem Krieg kein Zuhause mehr und hat nun ein bisschen Land zugeteilt bekommen. Darüber ist er froh, denn plötzlich kann er selbst Kartoffeln, Möhren und Radieschen anbauen. Aber schnell zeigt sich: Auf dem kleinen Stückchen Land kann Onkel Fritz es gar nicht schaffen, genug Ernte einzubringen. Schon für sich und seine Familie reicht der Ertrag der Felder kaum aus, und dann verlangt der Staat auch noch einen Anteil als Abgabe.

So wie Onkel Fritz ging es fast allen Neubauern. Die DDR-Regierung machte den Bauern einen Vorschlag: Sie sollten ihre Felder zusammenlegen und sich die Maschinen und die Arbeit teilen. Alle würden ein Gehalt bekommen. Allerdings würden die Felder nicht mehr ihnen gehören.

Die Bauern waren unentschlossen: Einerseits müsste jeder weniger hart arbeiten und könnte auch mal in Urlaub fahren. Andererseits würden die Felder offiziell dem ganzen Volk gehören – in Wirklichkeit gehörten sie dann aber letztlich dem Staat.
Einige Bauern ließen sich auf diese Idee freiwillig ein, die anderen wurden von der Regierung überredet, später dann sogar gezwungen. Zuerst versuchte die Regierung es mit Propaganda (was das genau ist, könnt ihr auf Seite 29 noch mal nachlesen): Sie ließ Plakate mit schönen Bildern drucken, die die Bauern überzeugen sollten. Wer jetzt noch nicht mitmachen wollte, hatte ein Problem: Er bekam plötzlich keine guten Maschinen für die Arbeit mehr geliefert und wurde bei den Ernteabgaben besonders streng kontrolliert. Irgendwann blieb den Bauern nur noch, nachzugeben oder in den Westen zu fliehen.
Auch die Fabriken sollten bald nicht mehr einzelnen Menschen, sondern dem „ganzen Volk“ gehören. Deshalb „enteignete“ die SED auch viele Fabrikbesitzer. Ihre Fabriken wurden ab sofort offiziell als „Volkseigene Betriebe“ bezeichnet – na ja, in Wirklichkeit gehörten auch sie nun dem Staat.

Onkel Fritz ist sauer. Er hätte seinen Hof gern selbst behalten, aber jetzt gehört er nicht mehr ihm, sondern dem „Volk“ – also dem Staat.

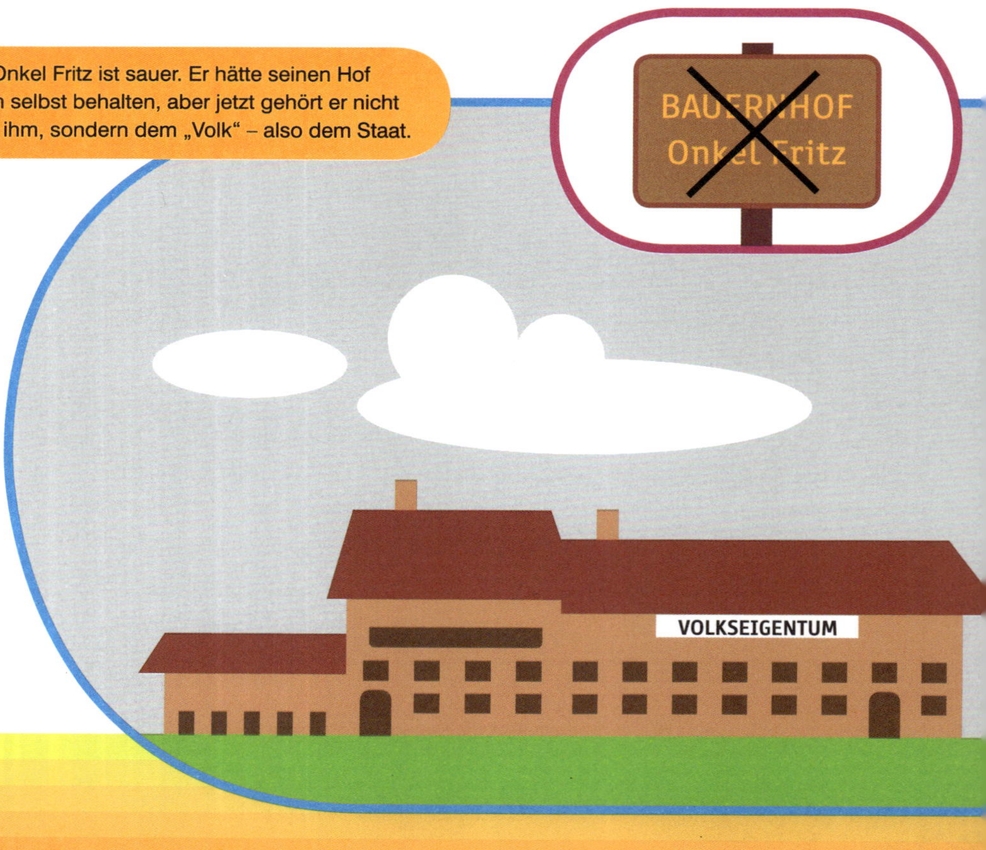

Wie ging es den Menschen in der DDR in den 1950ern?

Den DDR-Bürgern ging es in den 1950ern zwar viel besser als direkt nach dem Krieg, aber nicht so gut wie denen im Westen. Jedem DDR-Bürger stand nur eine gewisse Menge an Lebensmitteln zu. Mehr und anderes Essen konnte man zwar hier und da kaufen, aber das war sehr, sehr teuer. Und auch andere Dinge wie eben Fernseher oder Waschmaschinen gab es nur ganz wenige. Das machte die Menschen unzufrieden und führte dazu, dass viele die DDR verließen und lieber im Westen, in der Bundesrepublik Deutschland, leben wollten. Am meisten störte die Menschen aber, dass sie ihre Meinung nicht offen sagen durften. Auch deswegen flohen viele aus der DDR.

Volksaufstand i

Das Jahr
1953

1960 1970 1980 1990

Peter und Paul sind 16 Jahre alt. Peter hat eine Stelle als Mechaniker gefunden. Paul arbeitet als Maurer. Die beiden treffen sich häufig in West-Berlin zum Fußballspielen. Bei einem dieser Treffen erzählt Paul, warum er im Moment oft schlechte Laune hat. Das hat unter anderem mit seinem Job zu tun, wo er immer mehr und mehr arbeiten muss. Genau wie er sind auch viele andere DDR-Bürger zurzeit unzufrieden.

Wieso wurden viele Menschen in der DDR immer unzufriedener?

Die Regierungs-Chefs der DDR glaubten, dass sie die Sache mit dem Sozialismus schnell durchsetzen könnten. Überall ließen sie große,

neue Fabriken bauen. Und in Berlin entstand eine riesengroße Straße mit prächtigen Häusern und tollen Wohnungen für die Arbeiter: die Stalin-Allee. Die Regierung versprach: So würden alle Arbeiter der DDR in Zukunft einmal leben, wenn sie sich jetzt beim Aufbau des neuen Staates richtig anstrengten. Überall verbreitete die Regierung auch, wie toll die Zukunft dank des Sozialismus würde.
Wenn man allerdings genau hinsah, war alles doch nicht so rosig, wie es im Radio und in den Zeitungen bejubelt wurde. Wer etwas gegen die Regierung sagte, wurde verfolgt und manchmal sogar verhaftet. Außerdem wurden vor allem Bauern und kleine Unternehmer wie Handwerker oder Bäcker gezwungen, ihre Unabhängigkeit aufzugeben und stattdessen für den Staat zu arbeiten.

Propagandaplakate der DDR um 1950

Dazu kam: Es war sehr teuer, die neuen Vorzeigehäuser und die vielen Fabriken zu bauen. Und auch für zahlreiche andere Dinge wie zum Beispiel eine neue Armee gaben Walter Ulbricht und seine Regierung eine Menge Geld aus. Dieses Geld fehlte an anderen Stellen, und so bestimmte die Regierung: „Die Menschen müssen mehr Geld an den Staat bezahlen!" Die Regierung erhöhte also die Steuern. Und sie bestimmte: „Die Arbeiter müssen mehr arbeiten!"

Paul ist einer dieser Arbeiter. Wie alle, die auf Baustellen und in Fabriken arbeiten, muss auch er immer höhere „Normen" erfüllen. Das heißt: Der Staat legt fest, wie viele Steine Paul in einer Stunde aufeinanderschichten muss. Damit schneller mehr Gebäude entstehen, erhöht die Regierung die Normen immer weiter. Das heißt, statt beispielsweise 100 Steinen muss Paul bald 110 pro Stunde schaffen, dann 120 und so weiter.

Was Paul und seine Kollegen am meisten nervt: Obwohl sie immer mehr arbeiten sollen, bekommen sie weniger Geld!

Dass die Partei SED immer alles allein bestimmte, daran hatten sich die meisten längst gewöhnt. Aber jetzt mussten sie erleben, dass sich die Partei auch noch immer mehr ins Privatleben der Menschen einmischte. Plötzlich konnten zum Beispiel Schüler von ihrer Schule fliegen, bloß weil sie sich in einer Kirchengruppe engagierten. Und überhaupt: Schon wegen einer klitzekleinen Kritik an der SED konnte man im Gefängnis landen. Diese Ungerechtigkeit ließ die Menschen verzweifeln, und manchmal wurden sie sogar richtig wütend. Immer mehr wollten nicht länger so leben und flohen aus der DDR in den Westen.

Im Jahr 1953 verließen etwa 331.000 Menschen die DDR. Das sind ungefähr so viele Menschen, wie in einer mittleren Großstadt wie Bonn wohnen!

Die Stimmung heizte sich immer stärker auf. Die Chefs der DDR machten sich langsam Gedanken, dass sie ihre Macht verlieren könnten. Und nicht nur sie! Auch die Politiker der Sowjetunion sahen mit Sorge, wie wütend die DDR-Bürger auf ihre Regierung waren. Aber wieso kümmerte sie das überhaupt? Weil die DDR so eng mit der Sowjetunion verbunden war! Die sowjetischen Politiker fürchteten: „Wenn die DDR-Bürger sich gegen ihre Regierung wenden, werden wir die

Macht über die DDR verlieren!“ Kurz vorher (im März 1953) war nämlich der mächtige Sowjet-Chef Stalin gestorben, und seitdem fürchteten sich die Politiker der Sowjetunion vor Aufständen.
Sie forderten von Walter Ulbricht:

Ulbricht gehorchte. Zum Beispiel ließ er die Preiserhöhungen für verschiedene Lebensmittel zurücknehmen. Und er ließ einige Menschen aus dem Gefängnis frei. Die Politiker in der DDR und der Sowjetunion hofften, dass das Volk sich nun wieder beruhigen würde. Doch Ulbricht machte einen großen Fehler: Ausgerechnet die Normerhöhung nahm er nicht zurück. Das wäre den Arbeitern aber das wichtigste Anliegen gewesen! So wurden sie immer wütender, und sie fühlten sich von der SED betrogen: Die Partei hatte schließlich immer behauptet, sie würde im Namen der Arbeiter und Bauern regieren. Aber davon konnte hier ja offensichtlich keine Rede sein.

Was passierte beim Volksaufstand vom 17. Juni 1953?

Am 16. Juni 1953 reichte es den Arbeitern auf zwei großen Baustellen in Ost-Berlin. Sie schmissen ihre Werkzeuge hin und liefen protestierend durch die Stadt. Immer mehr Menschen hörten von den Protesten und schlossen sich ihnen an. Über das westliche Radio, das auch

Auch Paul ist bei den Demos dabei. Er demonstriert für mehr Freiheit und dafür, dass Deutschland wieder vereint wird.

die DDR-Bürger empfangen konnten, verbreitete sich die Nachricht wie ein Lauffeuer. Am Tag darauf, am 17. Juni, gingen in der ganzen DDR fast eine Million Menschen auf die Straße. Aus dem Protest einiger Bauarbeiter in Ost-Berlin war innerhalb eines Tages ein richtiger Volksaufstand geworden. Dieser Volksaufstand ist als eine der großen deutschen Freiheitsbewegungen in die Geschichte eingegangen.
Die schockierte SED-Führung musste für Ruhe sorgen. Also verkündete sie, dass sie die letzte Normerhöhung nun doch zurücknehmen würde. Aber es war bereits zu spät. Die Menschen protestierten nämlich inzwischen nicht mehr nur gegen die Normerhöhungen, sondern

für viel mehr: Sie stellten sich gegen das ganze politische System – also gegen die Regierung. Sie wollten Freiheit, sie wollten in der Politik mitbestimmen dürfen, und sie wollten, dass aus dem zweigeteilten Deutschland wieder eins würde.

Die Regierung erkannte, dass sie in der Klemme steckte. Am Mittag des 17. Juni ließ sie den Ausnahmezustand ausrufen. Das heißt: Sämtliche Demonstrationen und Versammlungen waren ab sofort verboten, niemand durfte mehr auf die Straße gehen. Aber allein konnte die SED das Verbot nicht durchsetzen. Sie brauchte Hilfe. Und die kam von der sowjetischen Armee: Die schickte Panzer, um den Aufstand niederzuschlagen. Dabei starben mehr als 50 Menschen.

Trotzdem dauerte es Tage, bis die Regierung die Lage unter Kontrolle hatte. Zur Abschreckung ließ sie Tausende, die bei den Protesten mitgemacht hatten, verhaften und bestrafte viele von ihnen hart mit bis zu 25 Jahren Gefängnis. Einige Anführer der Demonstrationen ließ die Regierung sogar erschießen. Die Ostdeutschen waren entsetzt, dass die eigene Regierung so hart gegen ihr Volk vorging.

Ohne das Eingreifen der sowjetischen Armee wäre der Volksaufstand vielleicht erfolgreich gewesen, und das hätte das Ende der DDR bedeuten können.

Mit sowjetischen Panzern und Gewalt beendete die DDR-Regierung den Volksaufstand vom 17. Juni 1953.

Zeitzeuge Hans-Jürgen S.:

„Ich lebte in einem kleinen Dorf bei Brandenburg. Am 17. Juni saßen wir morgens alle in der Klasse und wunderten uns, weil die Lehrerin nicht kam. Andere Kinder erzählten etwas von Demonstrationen in Brandenburg. Wir sind dann raus auf den Schulhof gegangen. Plötzlich kamen von überall Lastwagen der russischen Armee mit vielen Soldaten vorbeigefahren. Das war so weit nicht ungewöhnlich zu der Zeit, aber normalerweise waren die Soldaten immer freundlich und winkten uns zu. Diesmal waren sie aber schwer bewaffnet und guckten grimmig an uns vorbei. Da haben wir natürlich Angst bekommen. Später war uns dann klar: Die sind nach Brandenburg gefahren, um die Aufstände niederzuschlagen."

Hans-Jürgen S. war damals 10 Jahre alt. Er wurde später Pfarrer und half Jugendlichen, die wegen ihrer Kirchenmitgliedschaft mit Nachteilen zu kämpfen hatten.

© privat

Wie reagierte der Westen?

In West-Berlin verfolgten viele Menschen den Aufstand übers Radio. Manche liefen hinüber in den Ostteil der Stadt, um sich selbst ein Bild zu machen. Nachdem die sowjetischen Panzer den Aufstand niedergeschlagen hatten, gingen sehr viele West-Berliner in ihrem Teil Berlins auf die Straße. Sie protestierten gegen die westlichen Siegermächte (also die USA, Großbritannien und Frankreich), denn sie waren stinksauer, weil niemand etwas gegen die Gewalt der sowjetischen Armee unternommen hatte.

Die „Straße des 17. Juni“ vor dem Brandenburger Tor in Berlin erinnert noch heute an den Arbeiteraufstand in Ost-Berlin.

Auch die Menschen in der DDR waren sehr enttäuscht, dass sie aus dem Westen keine Unterstützung für ihren Volksaufstand bekommen hatten. Die westlichen Siegermächte wollten sich lieber nicht in die Angelegenheiten der sowjetischen Zone (und zu der gehörte ja Ost-Berlin nun mal) einmischen. Sie fürchteten, dass es sonst vielleicht wieder Krieg geben könnte. Auch Konrad Adenauer und seine westdeutsche Bundesregierung fürchteten das und taten darum lieber nichts. Zwei Monate später erklärte die Bundesrepublik den 17. Juni 1953 zum

Peter macht sich Sorgen um Paul, als er im Radio hört, wie brutal die DDR-Regierung gegen die Demonstranten vorgeht. Paul ist zum Glück nichts passiert!

„Tag der Deutschen Einheit". Jedes Jahr wollte man von nun an daran erinnern, dass die Ostdeutschen an diesem Tag unter anderem für die Wiedervereinigung Deutschlands auf die Straße gegangen waren.

Wie ging es nach dem Volksaufstand weiter?

Die SED-Führung zog aus dem Aufstand eigene Schlüsse. Der wichtigste war: Schuld an dem Aufstand war ihrer Meinung nach der Westen. Daher behauptete sie überall, dass die Proteste gar nicht von den Menschen aus der DDR angezettelt worden waren, sondern dass die Westdeutschen dahintersteckten, um der DDR zu schaden. Dass die DDR-Regierung selbst schuld an den Aufständen war, gestand sie sich nicht ein.
Aber: Die Regierung hatte Angst bekommen und wollte um jeden Preis einen neuen Aufstand verhindern. Deshalb reagierte sie mit „Zuckerbrot und Peitsche": Das Zuckerbrot war, dass die SED versuchte, die Menschen zufriedener zu machen und damit ruhigzustellen. Sie senkte die Arbeitsnormen und ermäßigte die Preise für Mieten, Lebensmittel und Fahrkarten. Die Peitsche war: Der Geheimdienst der DDR, die „Stasi", wurde immer größer und wichtiger. Er spionierte die Bürger aus, um herauszufinden, ob wieder irgendwo ein Volksaufstand drohen könnte. Mehr zur „Stasi" erfahrt ihr ab Seite 90!

Das Jahr

1961

Der Mauerbau

1970 1980 1990

Es ist das Jahr 1961. Peter und Paul sind 24 Jahre alt. Paul hat in der DDR geheiratet und gerade eine kleine Tochter bekommen: Luise. Dieses schöne Ereignis möchte er mit seinem besten Freund drüben in West-Berlin feiern. Er hat sich für den 13. August mit ihm verabredet und freut sich schon sehr. Aber in der Nacht davor passiert etwas Unfassbares.

Was geschah in der Nacht zum 13. August 1961?

In der Nacht vom 12. auf den 13. August tauchten an vielen Stellen Ost-Berlins fast zur gleichen Zeit insgesamt 15.000 Soldaten und Polizisten auf. Sie waren bewaffnet mit Maschinenpistolen und bepackt mit riesigen Stacheldrahtrollen. Sie begannen, die vielen Straßen und Plätze, die Ost- und West-Berlin miteinander verbanden, mit Stacheldraht und eisernen Straßenbarrieren abzuriegeln. Die Bürger Berlins, die vom Lärm aufwachten, standen fassungslos vor der bewachten Grenze: Sie waren eingesperrt!

Kapitel 6

Lena, 12: Wieso wurde Berlin so schnell und heimlich mitten in der Nacht geteilt?

Das hatte sich Staats-Chef Walter Ulbricht gut überlegt: Hätten die Menschen in Ost-Berlin und in der DDR schon vorher geahnt, dass sie bald nicht mehr einfach so in den Westen rübergehen könnten, wären viele wahrscheinlich schnell noch geflüchtet. Allein in den letzten zwei Monaten vor dem Mauerbau waren fast 100.000 Menschen in den Westen gegangen, weil sie nicht länger in der DDR leben wollten! Und die Mauer sollte verhindern, dass die Menschen flohen.

Anstelle des Stacheldrahtzauns wurde innerhalb der nächsten Tage und Wochen eine meterhohe Mauer errichtet, die rund um West-Berlin verlief und von Soldaten streng bewacht wurde.

Wieso wurde durch Berlin eine Mauer gebaut?

Die Mauer war in den Augen von Staats-Chef Ulbricht und der SED nötig geworden, weil einfach viel zu viele Menschen in den Westen flohen. Nach dem Volksaufstand vom 17. Juni 1953 war die Zahl der Flüchtlinge schnell immer weiter angestiegen. Viele Menschen hatten

Angst, offen ihre Meinung zu sagen und dafür ins Gefängnis zu kommen. Deshalb flohen sie lieber. Außerdem hatte die Regierung nun schon mehrere Jahre lang immer wieder behauptet: „Wenn ihr jetzt richtig hart arbeitet, wird euer Leben in der Zukunft richtig gut!“ Aber bisher war nichts passiert. Wenn die Menschen in der DDR dagegen in den Westen blickten, sahen sie: Dort gab es besser bezahlte Jobs und volle Geschäfte mit vielen verschiedenen Waren.

Vor allem über Berlin waren täglich (!) Hunderte, manchmal sogar mehr als tausend Menschen in die Bundesrepublik geflohen. Denn die Grenze vom Ostteil in den Westteil Berlins war für alle offen – egal, ob sie im anderen Teil Berlins arbeiteten oder dort Freunde besuchen wollten. Ob jemand nur für einen kurzen Besuch in den Westteil ging oder in Wirklichkeit gar nicht wieder zurückkommen wollte, konnte niemand kontrollieren. (Wie diese Grenze im Rest von Deutschland aussah, erfahrt ihr ab Seite 68.)

Nach und nach waren die Flüchtlinge ein echtes Problem für die DDR-Wirtschaft geworden. Überall flohen Menschen und kamen nicht mehr zur Arbeit: Viele Bauern ließen ihre Felder und Tiere zurück, und in den Fabriken fehlten Leute, um Dinge herzustellen. Besonders Fachleute

In der Nacht vom 12. auf den 13. August 1961 riegelten die Grenzpolizisten der DDR den Zugang nach Ost-Berlin ab.

Viele Facharbeiter und Spezialisten verließen die DDR Richtung Bundesrepublik Deutschland.

mit Spezialwissen ließen sich nicht einfach über Nacht ersetzen. Die Regierung kam ins Schwitzen. Sie ließ die Flucht aus der DDR offiziell verbieten und verkündete, dass jeder Flüchtling sein Land verrate. Aber all das hielt die Menschen nicht von der Flucht ab. Und weil der Regierung der DDR die Argumente ausgingen, hinderte sie die Menschen jetzt an der Flucht über Berlin, indem sie sie einsperrte: Sie ließ die Berliner Mauer bauen.

Peter ist fassungslos! Plötzlich ist er durch eine Mauer von seinem Freund Paul getrennt.

Die Mauer wurde extrem gut bewacht: Mit Wachtürmen, von denen aus bewaffnete Soldaten dank starker Scheinwerfer jeden Flüchtling selbst nachts schon von Weitem gut erkennen und auf ihn schießen konnten. Die letzten hundert Meter vor der Mauer wurden besonders streng kontrolliert. Dort durften kein Haus und kein Baum stehen. So konnten sich die Flüchtlinge nirgends vor den Blicken der Soldaten verstecken. Weil auf den letzten Metern vor der Grenze rund um West-Berlin und zwischen Ost- und Westdeutschland außerdem gefährliche Minen im Boden versteckt waren, die explodieren konnten, und im Laufe der Jahre mehr als hundert Menschen von den Soldaten erschossen wurden, nannte man dieses Stück Land auch „Todesstreifen".

Offiziell behauptete die Regierung übrigens, sie hätte die Mauer gar nicht gebaut, um die Flüchtlinge im Land *ein*zusperren, sondern um feindliche Menschen aus dem Westen aus der DDR *aus*zusperren! Das ist natürlich völliger Quatsch. Der Beweis: Alle Vorrichtungen gegen die Überwindung der Mauer zeigten nach innen, also zu den Menschen in der DDR.

Solche Bilder der Berliner Mauer kennt ihr vielleicht. So schön bunt sah die Mauer aber nur im Westen aus. Im Osten konnte niemand die Mauer bemalen. Denn davor lagen Stolperdrähte, Alarmgitter und der berühmte „Todesstreifen", den niemand betreten durfte.

Lennox, 13: Konnten sich die Menschen aus Ost- und West-Berlin nach dem Mauerbau überhaupt nicht mehr sehen?

Die allerstrengsten Regeln wurden nach und nach ein bisschen gelockert: Ab 1963 durften zum Beispiel West-Berliner während der Weihnachtszeit ihre Verwandten im Ostteil Berlins besuchen. Allerdings wurden sie an der Grenze scharf kontrolliert und durften auch nicht lange bleiben. Die meisten Ostdeutschen dagegen durften nicht nach West-Berlin.

Wie reagierte der Westen auf den Bau der Berliner Mauer?

Die Menschen in West-Berlin waren genauso fassungslos wie die Ost-Berliner, als sie mitbekamen, wie die Stadt zuerst mit Stacheldraht und dann mit einer Mauer in zwei Hälften geteilt wurde. Zwar konnten die West-Berliner weiterhin jederzeit völlig unkontrolliert überall in den Westen reisen, aber auch sie hatten ja plötzlich eine Mauer vor der Nase. Und ihnen war klar: All ihre Freunde und Verwandten aus Ost-Berlin würden sie nun nicht mehr sehen können.

Der West-Berliner Bürgermeister Willy Brandt war sauer und verzweifelt und rief die Westmächte zur Hilfe auf, um die Mauer wieder zu beseitigen. Aber nichts passierte. Denn Großbritannien, Frankreich und die USA wollten keinen Krieg mit der Sowjetunion riskieren. Und das würden sie, sobald sie etwas gegen die DDR-Regierung unternahmen. Solange „nur" eine Mauer um West-Berlin entstand und ansonsten alles friedlich blieb, akzeptierten die drei Westmächte die Mauer. „Keine sehr schöne Lösung, aber tausendmal besser als Krieg", soll John F. Kennedy, der damalige Präsident der USA, über die Mauer gesagt haben.

Auch der westdeutsche Bundeskanzler Konrad Adenauer reagierte sehr zögerlich, als er vom Bau der Mauer erfuhr. Erst neun Tage später reiste er nach West-Berlin und hielt dort nicht einmal eine Rede. Darüber waren viele DDR-Bürger und vor allem die Ost-Berliner sehr enttäuscht.

Wie funktionierte die Trennung im Rest von Deutschland?

Weil die Berliner Mauer so berühmt geworden ist, gerät manchmal ganz in Vergessenheit, dass nicht nur West- und Ost-Berlin getrennt waren: Durch ganz Deutschland verlief eine Grenze! Das war schon so, seitdem sich 1949 die Bundesrepublik und die DDR gegründet hatten. Bereits seit 1952, also rund neun Jahre vor dem Mauerbau, wurde sie von DDR-Posten gut bewacht und immer weiter abgeriegelt. Ein Teil dieser Grenze verlief nicht durch Städte, sondern eher durch Wälder und Felder und an Flüssen entlang. Also mitten durch die Natur. Das machte die innerdeutsche Grenze aber nicht weniger gefährlich! Auch dort schossen Soldaten auf Menschen, die aus der DDR fliehen wollten.

An manchen Stellen gab es auch an der Grenze innerhalb Deutschlands eine Mauer wie in Berlin. Solche Mauerreste kann man heute noch zum Beispiel im Deutsch-Deutschen Museum Mödlareuth sehen.

Die Grenze quer durch Deutschland war knapp 1.400 Kilometer lang und reichte von Bayern bis an die Ostsee.

DDR-Bewohner durften die DDR an keinem Punkt der Grenze verlassen. Westdeutsche dagegen konnten sehr wohl in die DDR einreisen. Ihr Auto wurde auf dem Heimweg an der Grenze von DDR-Soldaten allerdings gut kontrolliert. Denn manchmal versuchten Westdeutsche, Freunden aus der DDR im Kofferraum zur Flucht zu verhelfen. In späteren Jahren machten sogar ganze westdeutsche Schulklassen Ausflüge in die DDR!

Zeitzeuge Michael S.:

„Als ich 13 Jahre war, machten wir einen Schulausflug in die DDR. Unsere Lehrer hatten uns immer erzählt, wie schlimm dort alles sei. So furchtbar fand ich es gar nicht! Dort wohnen wollte ich trotzdem nicht. Ich weiß vor allem noch, dass mir alles ziemlich grau und ein bisschen schäbig vorkam, weil viele Gebäude länger nicht mehr renoviert worden waren."

Michael kommt aus Hessen. Heute lebt er in der Nähe von Berlin und beschäftigt sich beruflich mit der Geschichte der DDR.

Die Jahre 1961–1970

Neuer Alltag nac

1980 1990

Nach dem Mauerbau waren die Menschen in der DDR erst einmal wie gelähmt. Sie hatten erlebt, wie die DDR-Regierung ihre ganze Macht demonstriert und die Menschen im eigenen Land eingesperrt hatte. Trotzdem: Das Leben musste weitergehen. Nach dem ersten Schock kehrten die Menschen in ihren Alltag zurück, der sich aber immer stärker vom Alltag der Menschen in Westdeutschland unterschied.

Im Kindergarten

Kinder wie Luise gingen in der DDR schon früh in die Kinderkrippe und danach in den Kindergarten. Dort spielten sie und wurden gut versorgt, sodass ihre Mütter wieder arbeiten gehen konnten. Die Erzieherinnen bekamen klare Vorgaben, was sie den Kindern beizubringen hatten. Dazu gehörte, dass schon die ganz Kleinen spielerisch die Ideen der Partei SED und des Sozialismus vermittelt bekommen sollten.

Paul bekommt immer wieder eine Gänsehaut, wenn er die Mauer sieht. Luise dagegen kennt Berlin gar nicht als freie Stadt: Seit sie denken kann, schaut sie auf das riesige Bauwerk. Daher findet sie die Mauer nicht weiter schlimm.

Besonders über eine Vorgabe beschwerten sich viele Eltern: Die Kindergartenkinder lernten viel zum Thema Krieg. Zum Beispiel, dass die Soldaten aus der DDR und der Sowjetunion friedlich und die der westlichen Länder böse seien. Sie bekamen Ausmalbilder mit sowjetischen Soldaten, Spielzeugpanzer und anderes Kriegsspielzeug, mit dem sie beigebracht bekamen, dass Krieg manchmal wichtig und notwendig sei.

Peter auf der westlichen Seite der Mauer denkt oft an seinen Freund Paul, den er nun nicht mehr besuchen kann.

Jaron, 10: Wieso lernten die Kinder so viel über Krieg?

Der Grund dafür war der Kalte Krieg (alles darüber könnt ihr ab Seite 35 noch mal nachlesen). Die beiden Mächte USA und Sowjetunion brachten immer neuere und schrecklichere Waffen gegeneinander in Stellung. Wieder und wieder schien es, als könne es bald zu einem richtigen Krieg kommen. Und dafür brauchte die Regierung Soldaten. Sie überlegte: „Wie können wir dafür sorgen, dass in der DDR jederzeit genug Soldaten bereitstehen?" Ihre Lösung war: „Wenn sich alle Bürger schon ab der Kindheit mit Waffen und anderem Kriegswissen auskennen, ist das ganz normal für sie, und wir können sie als Erwachsene im Notfall schnell zu Soldaten machen!"

In der Schule

Mit sechs Jahren kamen die Kinder in die Schule. Die hieß in der DDR „Polytechnische Oberschule" oder abgekürzt POS. Das war eine Schule, auf die alle Kinder von der ersten bis zur zehnten Klasse gemeinsam gingen. Es gab also keine Unterteilung in Gymnasium, Realschule oder Hauptschule. Alle bekamen die gleiche Schulbildung.
Wie im Kindergarten spielten auch dort Krieg und Militär eine wichtige Rolle: Im Pflichtfach „Wehrkunde" lernten die Kinder und Jugendlichen ab der neunten Klasse unter anderem, wie die Armee funktionierte. Manchmal bekamen die Schüler sogar Unterricht von echten Soldaten. Auf diese Weise sollten sie auf einen möglichen Einsatz in einem Krieg vorbereitet werden und Lust auf die Arbeit als Soldat oder Polizist bekommen. Die Jungen fuhren nach der neunten Klasse für knapp zwei Wochen ins „Wehrlager": Dort lernten sie unter anderem, wie man mit einem Gewehr schießt oder Handgranaten wirft. Dabei trugen sie richtige Uniformen. Die Mädchen fuhren stattdessen ins „Zivilverteidigungslager" und lernten dort Erste Hilfe und wie man Menschen aus einem Gebäude rettet.

Die Schüler sollten in vielen Fächern ganz nebenbei auch gleich die „richtige“ Meinung zur DDR beigebracht bekommen. Ein Thema für einen Deutschaufsatz konnte zum Beispiel lauten: „Warum ist das DDR-Wirtschaftssystem gut, modern und richtig, und warum ist das westdeutsche Wirtschaftssystem alt, unmodern und dem Untergang geweiht?“
Ihr merkt: Dass das DDR-System besser sei, war schon in der Frage vorgegeben. Und jedem Schüler war klar, dass er keine andere Meinung in den Aufsatz schreiben durfte, wenn er eine gute Note bekommen wollte.

Neben Fächern wie Mathe oder Deutsch sollten die Kinder in der Schule lernen, was in der Arbeitswelt passiert. Sie halfen schon früh in Fabriken, im Handwerk oder bei der Feldarbeit mit.

Wer am Ende der Schulzeit das Abitur machen wollte, brauchte dafür allerdings mehr als gute Noten. Überlegt euch mal, wie ihr auf folgende Fragen antworten würdet: „Hat dein Vater oder deine Mutter studiert?“, „Haben deine Eltern schon mal an einer Demonstration teilgenommen?“, „Bist du Mitglied in einer Kirche?“ Wenn eure Antwort auf eine dieser Fragen „Ja“ gelautet hätte, hätte das eure Chancen aufs Abitur verringert. Pro Klasse wurde nämlich nur eine bestimmte Anzahl von Schülern zum Abi zugelassen, und da wurden Kinder, deren Eltern Arbeiter, Bauern oder SED-Mitglieder waren, bevorzugt. Kinder, deren Eltern dafür bekannt waren, dass sie die Regierung ablehnten, oder Kinder aus christlichen Familien hatten dagegen geringere Chancen. Ähnlich sah das mit den Studienplätzen aus.

Infoseite: Junge Pioniere und Freie Deutsche Jugend (FDJ)

Was die meisten sechsjährigen Kinder mindestens genauso aufregend fanden wie ihre Einschulung, war, dass an diesem Tag fast jedes Kind den „Jungpionieren“ beitrat. Feierlich bekamen sie in der Schule ihr blaues Halstuch umgelegt und erhielten einen Pionierausweis. In der vierten Klasse wurden die Kinder dann „Thälmann-Pioniere“ und durften ab jetzt ein rotes Tuch tragen.

„Für Freiheit und Sozialismus seid bereit!“

„Immer bereit!“

Mit dem Pioniergruß begann jeden Tag der Unterricht.

Im Pionierbuch standen Gebote wie: „Wir Jungpioniere lieben unsere Eltern.“

DIE GEBOTE
DER JUNGPIONIERE

Wir Jungpioniere
lieben unsere Deutsche Demokratische Republik.

Wir Jungpioniere
lieben unsere Eltern.

Wir Jungpioniere
lieben den Frieden.

6

Wir Jungpioniere
halten Freundschaft mit den Kindern der Sowjetunion und aller Länder.

Wir Jungpioniere
lernen fleißig, sind ordentlich und diszipliniert.

Wir Jungpioniere
treiben Sport, halten unseren Körper sauber und gesund.

Wir Jungpioniere
achten alle arbeitenden Menschen und helfen überall tüchtig mit.

Wir Jungpioniere
singen, tanzen und spielen gern.

Wir Jungpioniere
sind gute Freunde und helfen einander.

Wir Jungpioniere
tragen mit Stolz unser blaues Halstuch.

7

Die Mitglieder der FDJ hatten für offizielle Anlässe eine eigene Kleidung, das sogenannte Blauhemd.

Die Pioniere wurden von Mitgliedern der „Freien Deutschen Jugend", der FDJ, geleitet. Sie sammelten in der Freizeit zum Beispiel gemeinsam Altpapier oder halfen bei der Pflege alter Menschen.
Die FDJ war ein Verband extra für Jugendliche. Mit 14 konnte man dort Mitglied werden. Die Mitgliedschaft in der FDJ und bei den Pionieren war freiwillig – eigentlich. In Wirklichkeit hatten Kinder und Jugendliche, die nicht mitmachten, viele Nachteile zu fürchten: Zum Beispiel durften sie kein Abitur machen, sie durften nicht studieren oder den Beruf erlernen, den sie sich wünschten.
Auch sonst spielte die FDJ eine wichtige Rolle. Sie organisierte nicht nur die Pioniergruppen, sondern auch große Treffen von Kindern und Jugendlichen, Konzerte und Tanzveranstaltungen und sogar Ferienlager.

Die FDJ war für die Politik sehr wichtig, denn unter ihrem Einfluss wurde schon Kindern beigebracht, dass der Kommunismus das beste politische System sei.

Zeitzeugin Henriette H.:

„Ich erinnere mich noch, wie wir FDJler im Jahr 1949 geholfen haben, Wasserleitungen für ein großes Stahlwerk zu bauen. Es war November und unfassbar kalt, aber gemeinsam haben wir uns warm gearbeitet. Das hat uns zusammengeschweißt. Dieses starke Gemeinschaftsgefühl in der FDJ hat mir immer sehr viel bedeutet."

Als Jugendliche erlebte Henriette die Gründung der DDR. Sie findet heute noch, dass es dort den Menschen besser gegangen sei als heute in der Bundesrepublik.

© privat

Jugendweihe

Mit 14 stand das nächste Großereignis für die meisten Jugendlichen an: die Jugendweihe. Dieses Fest sollte ein sozialistischer Ersatz für die Firmung bei den Katholiken und die Konfirmation bei den Protestanten sein, denn von der Kirche hatte die Regierung keine gute Meinung.

Enie, 11: Warum hatte die Partei SED etwas gegen die Kirche?

Dafür gab es verschiedene Gründe. Einer war: Die Kirche hatte zu vielen Themen eine andere Meinung als die SED. Zum Beispiel, wenn es um Waffen und das Militär ging. Dass die Kirche ihre Meinung nicht an die der SED anglich, machte sie gefährlich. Schließlich könnte sie als einzige nicht angepasste Organisation in der DDR die Menschen zum Widerstand gegen den Staat ermuntern! Darum tat die SED-Regierung alles, um den Einfluss der Kirchen so gering wie möglich zu halten: Wenn alle Jugendlichen zur nicht-kirchlichen Jugendweihe gingen, könnten die Kirchen sie nicht mehr durch Firm- oder Konfirmandenunterricht an sich binden. Durch die Jugendweihe wurden die Jugendlichen stattdessen noch enger an den Staat DDR gebunden.

Viele Pfarrer und Bischöfe, aber auch viele Eltern protestierten gegen die Jugendweihe, doch sie hatten keine Chance gegen die SED.

Ähnlich wie vor der christlichen Konfirmation und Firmung besuchten die Jugendlichen zur Vorbereitung auf die Jugendweihe eine Zeitlang einen speziellen Unterricht, meist zusammen mit der ganzen Schulklasse. Dort ging es hauptsächlich um die Ideen der SED und des

Sozialismus, es gab Vorträge und Besuche in Betrieben oder Museen. Bei einer großen Feier schworen die Jugendlichen, dass sie immer für die DDR, für die Partei SED und für die Freundschaft mit der Sowjetunion sein wollten und dass sie für den Frieden und gegen die westlichen Staaten zur Not auch mit Waffen kämpfen würden. Mit diesem Schwur waren sie offiziell in den Kreis der Erwachsenen der DDR aufgenommen und wurden ab sofort auch in der Schule gesiezt. Sie erhielten eine Urkunde und ein Buch. Bei den Jugendlichen war die

Manchmal gab es als Geschenk zur Jugendweihe sogar das erste Moped.

Jugendweihe sehr beliebt, denn es gab (ähnlich wie bei der Firmung und der Konfirmation) viele Geschenke.

Mit der Jugendweihe war es wie mit vielen anderen Dingen in der DDR: Offiziell war sie freiwillig, in Wirklichkeit aber ein Muss. Wer nicht an der Jugendweihe teilnahm, hatte später Nachteile zu fürchten. Kein Wunder also, dass sich fast jeder Jugendliche für die Jugendweihe entschied und kaum noch jemand die Kirchen-Alternative wählte.

Fernsehen und Radio

Offiziell war es in der DDR lange Zeit gar nicht erlaubt, Westfernsehen (also damals vor allem ARD und ZDF) zu schauen oder West-Radiosender zu hören. So wollte die Regierung sicherstellen, dass die Menschen nur gute Nachrichten über ihr Land mitbekamen. Denn sämtliche DDR-Fernseh- und Radiosender und auch die Zeitungen wurden von der Partei SED kontrolliert: Sie schrieb genau vor, was die Medien berichten durften und was nicht.

In vielen DDR-Wohnzimmern laufen sowohl die Ost-Nachrichten als auch die aus dem Westen.

Nachrichtensendungen aus dem Westen waren für die Menschen in der DDR daher oft die einzige Möglichkeit, sich auch über die weniger guten Dinge zu informieren, die in ihrem Land passierten. Außerdem erfuhren sie, wie das Leben im Westen wirklich aussah. Im DDR-Fernsehen wurde nämlich über den Westen nur Schlechtes berichtet.

In einigen Gebieten konnten die Menschen die westlichen Fernsehprogramme überhaupt nicht sehen, weil der Empfang so schlecht war, im Elbtal bei Dresden zum Beispiel. Die Region nannte man das „Tal der Ahnungslosen“, weil die Leute ohne Westfernsehen keine Ahnung hatten, was in der Welt passierte.

Wer für die SED, das Militär oder die Polizei arbeitete, musste versprechen, keine Westprogramme zu schauen oder zu hören. Insgeheim sahen aber auch diese Leute ganz gern mal West-TV oder hörten heimlich bei westdeutschen Radioprogrammen rein ...
Das DDR-Fernsehen hatte übrigens auch ein eigenes Kinderprogramm. Dieses Männchen hier kennt ihr sicher:

Das Sandmännchen, wie wir es heute kennen, kommt aus der DDR! Als die Mauer fiel, engagierten sich einige Eltern dafür, dass sich das Ost-Sandmännchen in ganz Deutschland durchsetzte.

Musik und Mode

Per Westradio und Westfernsehen waren die Jugendlichen in der DDR immer auf dem neuesten Stand darüber, was gerade „drüben" angesagt war. Deshalb waren Musik- und Modegeschmack in Ost und West auch gar nicht so unterschiedlich! Auf beiden Seiten der Grenze tanzten die Jugendlichen zu Rock 'n' Roll. Jeans, Lederjacken und lange Haare waren im Osten wie im Westen total hip. Und die Erwachsenen? Die waren überall gleich schockiert über diesen neuen Look der Jugend.

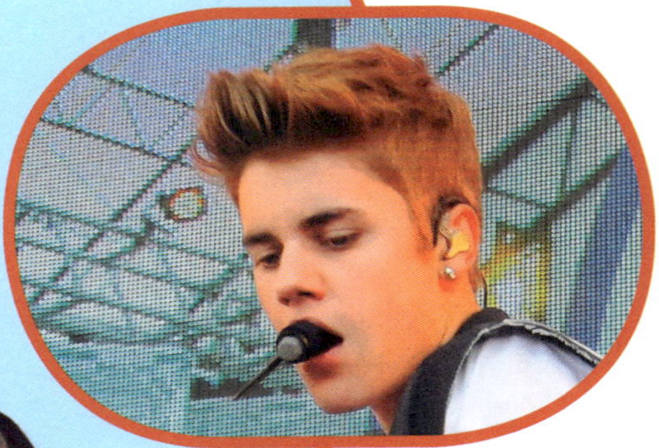

Elvis Presley brachte die Mädchen und jungen Frauen in Ost und West zum Kreischen – so wie heute vielleicht Justin Bieber. Und die Jungs wollten so sein wie er.

Allerdings: Im Westen schimpften zwar viele Eltern mit ihren Kindern und verboten ihnen, so „gammelig“ rumzulaufen – der Staat mischte sich in diese Diskussion aber nicht ein. Im Osten sah das anders aus: Der DDR-Regierung waren die Musik und die Mode der Jugendlichen ein echter Dorn im Auge, denn beides passte nicht zu der eher braven Jugendkultur, die sie sich für „ihre“ Jugendlichen vorstellte.

Die DDR-Regierung dachte sich also ganz raffiniert: Wenn wir unsere eigene Tanzmusik für die DDR-Jugend komponieren lassen, hören die Jugendlichen keine Westmusik mehr! Und so lief der „Lipsi“ bald im Radio rauf und runter. Der Tanz dazu war ohne die wilden Verrenkungen gedacht, die die Regierung am Rock 'n' Roll so störten. Die Nummer ging allerdings nach hinten los: Obwohl die SED in allen Medien

In den Diskos durfte auch Westmusik gespielt werden. Aber der DJ musste immer darauf achten, dass auf vier Westlieder sechs Ostlieder kamen. Das war vom Staat so vorgegeben.

eifrig die Werbetrommel für den neuen Tanz rührte, tanzte keiner mit. Die Jugendlichen wollten sich ihren Musikgeschmack nicht vorschreiben lassen!

Lange Haare bei Jungs und Männern lagen in der DDR und der Bundesrepublik total im Trend. Manchmal aber zwangen in der DDR Lehrer oder Mitglieder der FDJ die Jugendlichen, sich die Haare abschneiden zu lassen.

Reisen

Was viele Leute in der DDR störte: Sie durften nicht reisen, wohin sie wollten. Dabei war es nicht so, als hätten sie überhaupt nirgends hinreisen dürfen. Urlaub in anderen sozialistischen Ländern war möglich und erlaubt. Darum fuhren viele nach Ungarn, Polen oder Tschechien.

Seit Paul im Westfernsehen einen Bericht über Mallorca gesehen hat, möchte er unbedingt mal dorthin reisen.

In den Westen kam man dagegen nicht so leicht: Nur Rentner durften einfach so die Bundesrepublik besuchen. Später ging das auch, wenn man „dringende Familienangelegenheiten", also zum Beispiel die Hochzeit oder den runden Geburtstag eines engen Verwandten aus dem Westen, feiern wollte. Die Erlaubnis dafür bekam man allerdings nur, wenn es ziemlich sicher schien, dass man wieder in die DDR zurückkommen würde. Deshalb durfte zum Beispiel nie eine ganze Familie in den Westen reisen, sondern immer nur einzelne Familienmitglieder. Wenn man seine Familie also nicht alleinlassen wollte, musste man wieder zurückkehren.

Einkaufen

Wenn Luise und ihre Mutter durch die Stadt laufen und eine Warteschlange sehen, stellen sie sich oft dazu. Meist bedeutet eine lange Schlange nämlich, dass hier gerade etwas angeboten wird, was es sonst kaum zu kaufen gibt: Bananen, Kakaopulver oder Kokosraspeln zum Beispiel.

Weil es so selten Obst und Gemüse zu kaufen gab, hatten viele DDR-Bürger einen eigenen kleinen Gemüsegarten. Luise bekommt oft ein paar Äpfel von der Nachbarin geschenkt.

Wieso konnte man verschiedene Dinge in der DDR nicht oder nur selten kaufen?

Das lag zum einen an der Planwirtschaft (was das ist, erfahrt ihr auf Seite 47): Weil sich die Planer oft mit ihren Berechnungen verraten, war häufig nicht genug von allem vorrätig. Deshalb waren manchmal Dinge wie Brot und Fleisch schon mittags ausverkauft. Zum anderen waren Produkte wie echte amerikanische Jeans oder verschiedene andere Markensachen auch gar nicht erwünscht, weil sie vom „Feind“ im Westen kamen.

David, 9: War in der DDR alles teuer?

Im Gegenteil! Fahrkarten für Bus und Bahn oder die Kleidung aus den DDR-Fabriken waren sehr preiswert. Auch die Grundnahrungsmittel wie Wurst oder Butter waren viel billiger als im Westen, sodass wirklich jeder sie sich leisten konnte. Dafür sorgte der Staat, denn in der Planwirtschaft verkaufte ein Hersteller seine Waren nicht direkt an den Kunden, sondern an den Staat. Der Staat plante also auch die Preise. Etwa so: Ein Bauer verkauft dem Staat ein Schwein für 1000 Mark. Das Fleisch dieses Schweins wird im Laden aber für nur 600 Mark verkauft. Das heißt, der Staat hat 400 Mark dazubezahlt, damit der Bauer gut verdient und das Fleisch für die Menschen trotzdem nicht so teuer ist. Das kostete den Staat viel Geld, aber nach dem Volksaufstand vom 17. Juni 1953 waren die Preise für diese Dinge einmal gesenkt und nie wieder angehoben worden.

Viele Wohnhäuser waren in einem schlechten Zustand, weil die Reparaturen zu teuer waren. Manche Wohnungen hatten lange nicht mal ein eigenes Bad oder warmes Wasser.

Selbst wenn man genug Geld gespart hatte, um sich ein neues Auto oder eine moderne Waschmaschine zu leisten, konnte man sich das nicht einfach so kaufen. Zum einen waren die Läden oft nur zur Hälfte mit Waren gefüllt. Zum anderen waren die Dinge, die es zu kaufen gab, meist veraltet. Wenn man dagegen etwas richtig Hochwertiges kaufen wollte, musste man entweder unheimlich viel Geld dafür hinblättern oder unheimlich lange warten. Drei Jahre für eine neue Waschmaschine waren da nicht selten ...

Der „Trabi“ war das Auto der meisten DDR-Bürger. Paul musste zehn Jahre warten, bis er seinen vorbestellten Trabi bekam, und dann ein ganzes Jahresgehalt dafür zahlen. So lange Wartezeiten für ein Auto waren in der DDR ganz normal.

Es sei denn, man hatte die richtigen Kontakte! Paul zum Beispiel kommt an viele heiß begehrte Waren – vom neuesten Farbfernseher bis zur Raufasertapete – einfach so heran. Warum? Weil er ein begabter Handwerker ist! Denn etwas zu reparieren gibt es immer. Und wenn die Frau aus dem Tapetenladen dringend Hilfe beim tropfenden Wasserhahn braucht, verspricht sie ihm im Gegenzug ein paar Rollen Raufasertapete, die in drei Wochen geliefert werden soll.

Weil viele der begehrten Waren heimlich unter der Ladentheke durchgeschoben und nicht offiziell verkauft wurden, nannte man diese Produkte auch „Bückware“.

Zeitzeuge Mario L.:

„Na klar konnte man bei uns einige Sachen nicht kaufen. Aber ich war daran gewöhnt, mir machte das nicht viel aus. Ich habe natürlich auch Westfernsehen geschaut und fand vieles, was ich dort sah, ganz toll. Aber es war nie so, dass ich lieber im Westen gelebt hätte. Ich habe mich in der DDR immer sehr wohl gefühlt."

Mario wurde kurz vor dem Mauerbau geboren und lebte bis zum Mauerfall in Ost-Berlin.

© privat

Wie kam man an Waren aus dem Westen?

Um Paul und seine Familie zu unterstützen, schickt ihnen Peter häufig Päckchen, über die sich vor allem die kleine Luise riesig freut. In diese „Westpakete" packt Peter Gummibärchen für Luise, Luises Mama bekommt ein Paar Nylonstrumpfhosen und Paul Kaffeebohnen. Allerdings ist es kompliziert, ein Westpaket zusammenzustellen, denn Peter muss sich an strenge Listen halten. Auf denen steht genau, was ins Paket darf und was nicht! Zum Beispiel darf man nur eine bestimmte Menge Kaffee hineinpacken. Westdeutsche Zeitschriften mit politischem Inhalt wie „Der Spiegel" und die Bücher vieler West-Schriftsteller dürfen überhaupt nicht verschickt werden.

Westpakete konnten natürlich nur DDR-Bürger bekommen, die im Westen Freunde oder Familie hatten. Alle anderen konnten von den Dingen aus diesen Paketen nur träumen.

Ohne Westkontakte konnte man lange Zeit nur in speziellen Läden zu völlig überhöhten Preisen Produkte aus dem Westen kaufen. Eine Dose Ananas kostete in diesen Läden zum Beispiel 18 Mark! (Zum Vergleich: Ein ganzes Mittagessen in einer Gaststätte kostete nur etwar 2,50 Mark!) In den 1970er Jahren änderte sich das. In besonderen Geschäften, den „Intershops", konnten DDR-Bürger nun günstiger an Westprodukte kommen. Die Sache hatte allerdings einen Haken: Zahlen konnte man nur mit Westgeld, das man vorher auch noch in eine Art Gutschein umtauschen musste! Blöd natürlich für die, die keine Möglichkeit hatten, an westdeutsche D-Mark oder amerikanische Dollars heranzukommen. Wieder waren die im Vorteil, die Kontakte in den Westen hatten.

Zigaretten, Alkohol oder Goldschmuck wurden in den Intershops preiswerter angeboten als im Westen. Häufig kamen daher Menschen aus der Bundesrepublik in die DDR, um dort einzukaufen.

Die Sache mit den „Intershops" hatten sich die SED-Chefs clever ausgedacht. So konnten sie nämlich an D-Mark aus dem Westen herankommen – denn dieses Geld brauchten sie dringend!

Zeitzeugin Kathleen R.:

„Wenn wir damals beim Einkaufen Bananen ergatterten, dann war das wirklich etwas ganz Besonderes. Die gab es nämlich nur sehr selten. Es wurde immer nur eine Banane pro Tag aufgemacht. Heute kauft man Bananen für ein paar Cent. Verrückt."

Heute hat Kathleen selbst zwei Kinder. Bananen kommen bei ihr öfter mal als Snack auf den Tisch.

© privat

Bananen gab es sogar auf Rezept vom Arzt! Zum Beispiel, wenn ein Baby Probleme mit der Verdauung hatte.

Wozu brauchte die DDR Geld aus der Bundesrepublik Deutschland?

Die DDR-Mark war nur in der DDR gültig. Im westlichen Ausland konnte man für dieses Geld nichts kaufen. Die DDR brauchte aber vieles von dort, zum Beispiel Rohstoffe wie Steinkohle. Also musste sie die Steinkohle aus der Bundesrepublik mit D-Mark bezahlen. Die DDR hatte aber nicht unendlich viel D-Mark vorrätig. Deshalb war die Regierung auf verschiedene Ideen wie zum Beispiel die mit den Intershops gekommen. Das Geld von dort ging direkt in die Staatskasse. Und die DDR hatte sich noch mehr Tricks ausgedacht:

Trick 1:

Jeder Westdeutsche, der zu Besuch in die DDR kam, musste eine bestimmte Menge D-Mark in DDR-Mark umtauschen und durfte dieses Geld später nicht zurücktauschen.

Trick 2:

Die DDR verdiente sich Westgeld, indem sie Müll aus der Bundesrepublik auf ihren Mülldeponien lagerte.

Trick 3:

Unmenschlich, aber auch sehr gewinnbringend für die DDR, war folgende Methode: Regelmäßig bot die DDR-Regierung der Bundesrepublik Tauschgeschäfte an – Geld gegen Menschen! Denn mit den Jahren waren sehr viele Menschen in DDR-Gefängnissen gelandet, weil sie offen ihre Meinung gegen die SED gesagt oder versucht hatten, in den Westen zu fliehen. Weil diese Menschen in den Augen der westlichen Politiker gar nichts verbrochen hatten, wollte ihnen die Regierung der Bundesrepublik helfen: „Lasst diese Gefangenen zu uns in den Westen ausreisen. Wir geben euch Geld dafür!"

Das war der DDR-Regierung nur recht, denn die Gefängnisse waren ja sowieso überfüllt. Daraus entstand mit der Zeit ein richtiger Handel: Die DDR forderte Geldbeträge oder bestimmte Rohstoffe im Tausch gegen Gefangene und andere Leute, die unbedingt aus der DDR ausreisen wollten. Die wurden dann in die Bundesrepublik gebracht und durften dort frei leben.

Die Bundesrepublik lieh der DDR zusätzlich immer wieder Milliarden von D-Mark. Dafür musste die DDR-Regierung aber einige Bedingungen erfüllen. Zum Beispiel musste sie als Gegenleistung für einen neuen Kredit tödliche Selbstschussanlagen an der innerdeutschen Grenze abbauen, damit dort niemand mehr von automatischen Waffen verletzt oder sogar getötet wurde.

Von solchen Selbstschussanlagen wurden Menschen beim Fluchtversuch über die Grenze schwer verletzt oder sogar getötet.

Nach einem weiteren Kredit musste die DDR-Regierung mehr Bürgern Besuchsreisen in den Westen gestatten.

Im Laufe der Jahre lieh sich die DDR immer mehr Geld aus westlichen Ländern, sie machte also immer mehr Schulden.

Ihr wundert euch vielleicht, dass die DDR mit dem „Feind" Geschäfte machte. Denn eigentlich war sie ja gegen alles aus dem Westen! Allerdings brauchte sie nun mal dringend das Westgeld, Feind hin oder her. Also machte sie zwar unter anderem Geschäfte mit der Bundesrepublik, sorgte aber dafür, dass die allermeisten Menschen in der DDR davon nichts mitbekamen.

Die Stasi

Rückblick:

1950

1960 1970 1980 1990

Paul arbeitet als Maurer auf vielen Baustellen in der DDR. Manchmal sitzen er und seine Kollegen mittags zusammen und machen Witze über die Regierung oder motzen ein bisschen über Politik. Jeder von ihnen passt allerdings gut auf, niemals über einen möglichen Streik oder gar eine Flucht in den Westen zu sprechen. Denn das könnte im schlimmsten Fall mehrere Jahre im Gefängnis bedeuten, sollte sie jemand verpetzen ... Auch Pauls Tochter Luise weiß, dass sie in der Schule nicht einfach alles sagen darf, was sie denkt. Sonst könnte sie Ärger bekommen. Jeder in der DDR muss bei allem, was er sagt oder tut, eins bedenken: Überall könnten Spitzel der „Stasi" lauern.

Was war die Stasi?

„Stasi" ist eine Abkürzung und steht für „Ministerium für Staatssicherheit". Gegründet wurde es im Februar 1950. Ein Ministerium, das extra für mehr Sicherheit zuständig ist – das klingt doch gar nicht so schlecht! Es ging dabei allerdings nicht darum, das Volk zu beschüt-

zen. Im Gegenteil! Es war der Staat, der Schutz vor seinem eigenen Volk haben wollte! Die Stasi war nämlich vor allem dafür da, die ganz normalen Menschen in der DDR zu überwachen und zu unterdrücken. Sie sollte so die Macht der DDR-Regierung sichern. Egal wie. Aber warum?

Das hatte vor allem mit dem großen Volksaufstand vom 17. Juni 1953 zu tun. Denn der hatte der SED-Führung einen ordentlichen Schrecken eingejagt. Die vielen demonstrierenden Menschen hatten mit ihrem Aufstand fast für das Ende der DDR gesorgt. (Die wichtigsten Infos dazu könnt ihr ab Seite 52 noch einmal nachlesen.) Ohne die Hilfe sowjetischer Panzer wäre es an diesem Tag wahrscheinlich mit der DDR vorbei gewesen, und damit auch mit der Macht der Regierung. Und deshalb wollte sie alles dafür tun, dass sich so ein Aufstand niemals wiederholen konnte.

Der Plan war: Sie wollten lange, bevor etwas passieren konnte, davon erfahren und rechtzeitig eingreifen. Staats-Chef Ulbricht und vor allem sein Nachfolger Erich Honecker dachten sich das so: Hätten sie 1953 schon vor den allerersten Streiks von den Plänen der Protestierenden erfahren, hätten sie alle vorab ins Gefängnis stecken können, und es wäre nie zum Aufstand gekommen.

Nach dem Volksaufstand 1953 wurden die Menschen in der DDR systematisch überwacht.

Erich Honecker

Steckbrief: Erich Honecker (1912–1994)

- löste 1971 Walter Ulbricht als Staats-Chef der DDR ab
- sorgte für einige Verbesserungen für die DDR-Bürger, zum Beispiel höhere Gehälter und den Bau von mehr Wohnungen
- sorgte aber auch für eine strengere Überwachung des Volks durch die Stasi, sodass die Menschen in der DDR unter seiner Regierung stärker kontrolliert wurden als zuvor

Um möglichst viele Bürger überwachen und aushorchen zu können, ließ Honecker immer mehr Leute beim Ministerium für Staatssicherheit anstellen. Zum Schluss arbeiteten mehr als 90.000 Mitarbeiter hauptberuflich für die Stasi. Die DDR hatte damit die Menschenmenge einer ganzen Stadt angestellt, um ihr Volk bespitzeln zu lassen!
Für die Stasi konnte man sich nicht bewerben: Sie suchte sich ihre Leute selbst aus. Wer bei der Stasi anfing, durfte über sein Leben kaum noch selbst entscheiden.

Es gab allerdings nicht nur offizielle Angestellte, sondern noch ganz viele Menschen mit anderen Berufen, die als „Inoffizielle Mitarbeiter" (abgekürzt: IM) angeheuert wurden.

Wie wurden ganz normale Menschen zu Stasi-Mitarbeitern?

Die Aufgabe der Inoffiziellen Mitarbeiter war es, im Auftrag der Stasi Freunde und Kollegen, Nachbarn und Verwandte zu bespitzeln und auszuhorchen. Sobald sie das Gefühl hatten, dass sich jemand irgendwie auffällig benahm, sollten sie das an die Stasi melden. Oder sie bekamen den Auftrag, sich das Vertrauen von jemandem zu erschleichen, um ihn dann auszuspionieren. Die IMs mussten sich Decknamen geben (zum Beispiel „weißer Adler") und unter diesem Decknamen Berichte für die Stasi schreiben.

So ein Inoffizieller Mitarbeiter konnte jeder DDR-Bürger werden. Oft war dabei Erpressung im Spiel. Ungefähr so wie bei diesem ausgedachten Beispiel:

So könnte eine Anwerbung bei der Stasi ausgesehen haben.

Manfred Müller ist ein junger Soldat und ein ziemlicher Draufgänger. In ein paar Monaten will er ein Studium beginnen, darauf freut er sich schon. Eines Abends bekommt er auf der Straße Streit mit einem Bekannten und beginnt eine Prügelei. Manfred landet im Militärgefängnis. „Ich bin so ein Idiot!", denkt er sich ganz zerknirscht. „Wenn ich verurteilt werde, kann ich das mit dem Studium total vergessen." Da kommt ihn ein freundlicher Stasi-Mitarbeiter besuchen und bietet ihm an: „Wir sorgen dafür, dass du ohne Urteil aus dem Gefängnis kommst. Zum Dank musst du für uns als Inoffizieller Mitarbeiter arbeiten." Manfred will das eigentlich nicht, aber seine Zukunft ist ihm natürlich wichtiger. Er sagt zu.

In seltenen Fällen wurden sogar schon Jungs ab der 7. Klasse als inoffizielle Stasi-Mitarbeiter angeworben. Sie sollten Klassenkameraden verpetzen, wenn die etwas über ihre Eltern erzählten, was „staatsfeindlich" war.

Andere mussten allerdings gar nicht gezwungen werden, nebenbei für die Stasi zu spionieren, sondern sie machten freiwillig mit. Die einen, weil sie sich Karriere-Chancen versprachen, denn die Stasi konnte zum Beispiel dafür sorgen, dass man bei seiner Arbeit eine bessere Stelle bekam. Oder sie konnte Leuten eine bessere Wohnung besorgen. Die anderen machten mit, weil sie hofften, dass sie so ihrem Staat helfen könnten, denn sie fanden die Ideen der DDR weiterhin gut und richtig.

Trotzdem: Die meisten Inoffiziellen Mitarbeiter fühlten sich nicht wohl, wenn sie ihre Freunde bei der Stasi verpetzten. Manche versuchten auch, gewisse Infos über ihre Freunde (zum Beispiel über einen geplanten Fluchtversuch) gar nicht erst an die Stasi weiterzugeben.
Das Problem war nur: Sie wussten nie ganz sicher, ob nicht zufällig der Freund auch bei der Stasi arbeitete und sie vielleicht mit falschen Informationen testen wollte! Ganz schön verzwickt und gemein …
Es brauchte schon eine Menge Mut, um der Stasi eine Absage zu erteilen, wenn sie jemanden einmal angefragt hatte. Trotzdem kam es gar nicht so selten vor, dass sich Menschen weigerten, mitzumachen.

© privat

Zeitzeugin Angelika C.:

„Eines Tages wurde ich nach der Schule von zwei Stasi-Leuten abgefangen. Sie wollten mich zwingen, eine Schülerin auszuspionieren, die zwei Klassen über mir war. Die hatte einen Brieffreund in der Bundesrepublik, der sie in der DDR besuchen wollte. Die Stasi verlangte von mir, dass ich herausfinde, wo die beiden sich treffen. Damals habe ich zum ersten Mal begriffen, dass die Stasi wirklich alles überwacht und sogar Briefe öffnet."
Angelika C. hat das Mädchen nicht verpetzt und sich geweigert, der Stasi auch andere Infos zu geben. Darum wurde sie als Erwachsene nicht zum Studium zugelassen.

Wie arbeitete die Stasi?

Die Stasi hatte gerissene Methoden, um die Menschen zu überwachen. Es gab zum Beispiel eine extra Abteilung, nur um die Telefonate ganz normaler Bürger zu belauschen. Eine andere öffnete in den Poststellen Pakete und Briefe und sah nach, ob da etwas Verbotenes drin war oder geschrieben stand.
Um für die Stasi verdächtig zu sein, konnte es schon reichen, dass man am Stammtisch mal mit anderen über die Missstände in der DDR gelästert hatte. Wenn ein Stasi-Mitarbeiter jemanden im Visier hatte, den er verdächtig fand, bewachte er ihn, teilweise sogar rund um die Uhr. Mit seinen Kollegen folgte er dem Verdächtigen auf Schritt und Tritt, versteckte „Wanzen", also kleine Mikrofone, in der Wohnung, hörte sein Telefon ab und öffnete seine Post. Dann schrieben die Stasi-Leute haargenau alles auf, was der Verdächtige tat und sagte, selbst wenn er vielleicht nur zum Friseur ging.

Stellte sich heraus, dass der Verdächtige wirklich etwas zu verbergen hatte, konnte der Stasi-Agent ihn einsperren lassen, ihn erpressen und bedrohen, um an Informationen zu kommen. Oder er versuchte, dem Verdächtigen anders zu schaden. Er ließ vielleicht im Freundeskreis des Verdächtigen verbreiten, dass der angeblich seine Frau betrüge. So versuchte der Stasi-Agent, den Verdächtigen bei allen ihm wichtigen Menschen schlecht zu machen und dafür zu sorgen, dass der Verdächtige irgendwann ganz allein dastand.

In den Gefängnissen der Stasi wurden Hunderttausende Menschen eingesperrt. Die meisten hatten nichts verbrochen, sondern bloß etwas Schlechtes über den Staat gesagt oder geschrieben oder wollten die DDR verlassen.

Weil die Stasi alles und jeden professionell überwachte und aushorchte, dachten sich die Menschen in der DDR einen lustigen Namen für sie aus: „Firma Horch und Guck".

Spione der Stasi spähten auch Politiker, Journalisten und Wissenschaftler in der Bundesrepublik und anderen westlichen Ländern aus und versuchten, dort an geheime Informationen zu kommen. Außerdem wollten sie wichtige Menschen beeinflussen und sie von den Ideen der DDR überzeugen.

Stasi-Mitarbeiter freundeten sich manchmal auch absichtlich mit Gruppen von Leuten an, die gegen die Regierung waren. Natürlich wusste von denen keiner, dass ihr neuer Freund bei der Stasi arbeitete. Das war ja geheim. Wenn sie in so einer Gruppe gut akzeptiert waren, fingen sie an, Gerüchte zu streuen. Zum Beispiel darüber, dass irgendein anderer aus der Gruppe in Wirklichkeit zur Stasi gehören würde. So wollten sie dafür sorgen, dass sich die Mitglieder nicht mehr vertrauten. Denn wenn sie untereinander Streit hätten, würden sie vielleicht aufhören, sich gemeinsam gegen die Regierung zu wenden.

Ein besonders prominenter Fall von Stasi-Spionage betraf sogar einen Bundeskanzler: Der Spion Günter Guillaume (hier rechts im Bild) arbeitete jahrelang eng mit Willy Brandt (der von 1969 bis 1974 Bundeskanzler war) zusammen. Als Brandt und die Öffentlichkeit davon erfuhren, musste Brandt zurücktreten.

Die Stasi legte viele Millionen Akten und Karteikarten an, in denen sie Informationen über ganz normale DDR-Bürger sammelte. Sie archivierte auch Unmengen an Fotos, Videos und Tonbändern mit Aufnahmen dieser Leute. Die gesammelten Akten sind aneinandergestellt mehr als 100 Kilometer lang.
Ihr findet die Stasi-Methoden unfair oder sogar kriminell? Das waren sie auch! Streng genommen waren viele der Aktionen sogar „verfassungswidrig". Das heißt, die Stasi tat Dinge, die gegen die wichtigs-

ten Regeln der DDR verstießen, denn in der Verfassung stand zum Beispiel: Jeder hat das Recht, seine Meinung zu sagen. Und genau das versuchte die Stasi zu verhindern. Aber niemand konnte etwas dagegen unternehmen. Denn die Stasi hatte offiziell die Erlaubnis, all das und noch viel mehr zu tun. Sie war niemandem Rechenschaft schuldig, außer der Partei SED. Und die fand in Ordnung, was die Stasi-Mitarbeiter trieben.

Infoseite: Fluchten

Nach Gründung der DDR hatten jährlich Hunderttausende die DDR verlassen. Nach dem Mauerbau wurden es weniger, aber nach wie vor versuchten jährlich Tausende auszureisen. Das konnte man offiziell nur, indem man einen „Ausreiseantrag" stellte. Oft wurden die Anträge aber gar nicht oder erst nach vielen Jahren genehmigt. Und in der Zwischenzeit hatten die Antragsteller mit vielen Nachteilen zu kämpfen. Wer wirklich aus der DDR rauswollte, dem blieb oft nur die Flucht. Die Berliner Mauer und die starke Sicherung der Grenze quer durch Deutschland sorgten zwar dafür, dass die Fluchtversuche weniger wurden. Aber die Menschen wurden mit ihren Fluchtideen auch immer kreativer!

Allein im Jahr 1988 stellten **110.000 Menschen** einen Ausreiseantrag. Das sind mehr Menschen, als in einer mittleren Großstadt wie Koblenz wohnen.

Holger Bethke baute sich 1983 eine Seilbahn und schwebte mit ihr über einen der am schärfsten bewachten Abschnitte des Todesstreifens in Berlin.

Mindestens 39 Mal versuchten Menschen, durch einen selbst gebuddelten Tunnel von Ost- nach West-Berlin zu kommen.

Unter der Erde durch

Durch die Luft

Zwei Familien bauten sich gemeinsam einen Heißluftballon und flogen damit über die Grenze bis nach Bayern. Aus diesem geglückten Abenteuer wurde später sogar der Hollywood-Film „Mit dem Wind nach Westen“ gemacht!

Auch mit einem selbst gebauten Flugzeug flogen Menschen nach „drüben“!

Insgesamt flohen zwischen Ende 1949 und Juni 1990 mehr als 3,8 Millionen Menschen aus der DDR.

Gut versteckt

Fluchthelfer aus dem Westen versteckten Menschen in ihren Autos, wenn sie über die Grenze aus dem Osten zurück in den Westen fuhren. Weil so viele Menschen entkamen, wurden bald die Autos der „Wessis“ immer sorgfältiger kontrolliert.

Bei dem Versuch, die DDR zu verlassen, starben mehr als 1.000 Menschen.

Eine Frau versuchte, im Reisekoffer eines Bahnreisenden zu fliehen, eine andere versteckte sich im Bauch einer ausgestopften Kuh! Diese beiden kreativen Fluchtversuche flogen auf.

Übers Wasser

Peter Döbler schwamm im Juli 1971 26 Stunden lang 45 Kilometer ohne Essen und Trinken von Kühlungsborn nach Fehmarn durch die Ostsee. Das versuchten auch andere, aber nur wenige überlebten die anstrengende Strecke.

Manche versuchten die Flucht übers Wasser mit dem Schlauchboot, einem selbst gebauten Mini-U-Boot oder sogar auf dem Surfbrett!

Fotos © privat

Zeitzeuge: Detlef Aagaard

„Ich war 11 Jahre alt, als die Mauer gebaut wurde.
Meine Familie und ich wohnten in der Ottostraße in Glienicke, auf der Ostseite von Berlin.

Im Sommer 1961 fuhren wir in das Vogtland an der Grenze zur Tschechoslowakei in den Urlaub. Als wir zurückkamen, staunten wir nicht schlecht: In der Nähe unseres Gartenzaunes war die Grenze zu West-Berlin gezogen worden. Einfach so!
Grenzsoldaten liefen an unserem Haus Patrouille, und vom neu gebauten Wachturm aus konnten uns die Soldaten direkt ins Wohnzimmer gucken. Mit ihren Waffen machten sie uns Angst, auch wenn sie uns nichts taten. Und wenn wir mal das Haus verlassen wollten, mussten wir ihnen unseren Ausweis zeigen. Egal, ob meine Eltern zur Arbeit oder ich zu Freunden zum Spielen wollte – sogar, wenn wir nur ein bisschen spazieren gingen! Die Soldaten kamen zu uns ins Haus, wann immer sie wollten. Manchmal, um uns zu kontrollieren, manchmal auch einfach, um sich im Winter aufzuwärmen.
Ziemlich schnell war meinen Eltern klar: Sie wollten fliehen. Die Grenze von unserem Haus rüber nach West-Berlin war gerade mal 44 Meter

breit. Darum hatten meine Eltern auch kurz die Idee, einfach über den Zaun zu klettern. Aber meine Oma sollte ja auch mit, und die hätten sie nicht heimlich, still und leise über den Zaun bugsieren können, denn sie hatte eine Gehbehinderung und war auch zu schwer. Eine andere Idee musste her.

Ein Jahr später hatten sie zusammen mit Freunden einen Fluchtplan ausgeheckt. Sie wollten einen Tunnel graben, und zwar von unserem Wohnzimmer aus unter der Grenze durch, rüber auf die andere Seite. Dort war ein kleiner Abhang – also weiche Erde, durch die man durchgraben konnte.

Damit niemand Verdacht schöpfte, fing Papa an, eine Terrasse am Haus zu bauen. Die Idee war super, denn erstens zeigte er so den Soldaten: ‚Ich mache es unserer Familie hier gemütlich, wir haben auf keinen Fall vor zu fliehen.' Und zweitens konnten mein Vater und seine Freunde Holz zum Abstützen des Tunnels besorgen, ohne dass irgendwer auf den Gedanken käme, sie würden heimlich eine Flucht planen.

Ich hatte von all dem lange keine Ahnung, weil meine Eltern Angst hatten, ich könnte mich verplappern. Allerdings kam mir einiges seltsam vor: Plötzlich durfte ich nach der Schule nicht mehr direkt nach Hause kommen, sondern musste bei meiner Mutter in ihrem Friseursalon bleiben. ‚Es gibt sonst Ärger mit Oma', erklärte Mama mir. Ich hab mich zwar gewundert, fragte aber erst mal nicht weiter nach.

Im Friseursalon

Überall Sand

Mein Vater und seine Freunde gruben in der Zwischenzeit mit bloßen Händen den Tunnel. Das größte Problem war der Sand: Draußen konnten meine Eltern ihn nicht lagern, das hätte sofort die Soldaten misstrauisch gemacht. Also mussten sie den ganzen Sand im Haus verstecken. Dafür zogen meine Eltern Zwischenwände ein und sogar eine extra Zimmerwand, damit in den Hohlräumen dazwischen Platz für Sand war.
Klar, dass auch ich irgendwann nicht mehr an die Geschichte mit Oma glaubte. An Weihnachten 1962 fragte ich meine Eltern nach der Wahrheit. Und sie antworteten: ‚Wir buddeln!' Meine Eltern hatten eine Heidenangst, dass ich etwas ausplaudern könnte. Aber ich wusste: Wenn irgendwer was mitkriegt, lande ich im Heim und meine Eltern im Gefängnis. Also hielt ich dicht.
Irgendwann war überall nur noch Sand: In sämtlichen Schubladen, Schränken, in den Badewannen, sogar in allen Fahrradschläuchen und Kissen versteckten wir den Sand. Kein Körnchen durfte uns verraten, wenn mal wieder ein Grenzsoldat zu uns ins Haus kam.
Am 8. März, nach fünf Monaten harter Arbeit, war es so weit: Der Tunnel war fertig. 50 Meter lang, kaum 60 Zentimeter breit und 80 Zentimeter hoch, kleiner als ein Umzugskarton.

Fluchtweg

Tunneleingang

Damit nicht jetzt noch etwas schieflief, planten meine Eltern ein Ablenkungsmanöver: Extra laut und lange feierten sie zusammen mit den Freunden, die mit auf die Flucht sollten, bei sich zu Hause den ‚sozialistischen Frauentag'. Die Grenzsoldaten konnten nur sehen, wie meine Mutter den Tisch deckte, aber nicht, wie sie sich heimlich unsere Papiere unter den Pulli schnallte.
Mitten in der Nacht ging es los: Zu dreizehnt krabbelten wir durch den Tunnel, die Oma wurde auf einer Luftmatratze hinterhergezogen und geschoben.
Der Weg durch den Tunnel dauerte gerade mal zehn Minuten. Das wirklich Schlimme war eher das Tunnelende: Denn wir konnten nicht einfach herauskriechen – die Gefahr, dass die Grenzsoldaten auf uns schießen würden, war einfach zu groß. Stattdessen rannte einer von Papas Freunden allein los, um die Westpolizei zu Hilfe zu holen. Wir wussten: Mit einem Westpolizisten in der Nähe würden die Grenzsoldaten ziemlich sicher nicht schießen. Ganze zwei Stunden mussten wir warten, bis Martin mit einem Westsoldaten im Schlepptau zurückkehrte. Um vier Uhr früh waren wir im Westen angekommen, die Grenzsoldaten hatten nichts mitgekriegt. Angst hatte ich die ganze Zeit über fast keine, für mich war unsere Flucht vor allem ein richtig großes Abenteuer."

Seit 1994 lebt Detlef Aagaard wieder in seinem Elternhaus. Von seinem Garten aus hat er inzwischen wieder freie Sicht auf die andere Straßenseite.

Die Jahre 1980–1988

Peter und Paul sind Mitte 40, Luise ist inzwischen eine junge Frau. Peter hat eine eigene Autowerkstatt in West-Berlin aufgemacht. Paul arbeitet immer noch als Maurer. Er kommt ganz gut zurecht und hält sich aus politischen Themen lieber raus. Ganz anders Luise: Sie findet es ungerecht, wie die Regierung der DDR die Menschen behandelt, und würde gern etwas unternehmen, damit sich in der DDR etwas verändert.

Wie ging es den Menschen in der DDR in den 1980er Jahren?

In den 1960er und 1970er Jahren schien es zwischendurch fast, als würden sich die Lebensumstände für die Menschen in der DDR Schritt für Schritt verbessern und sich langsam denen im Westen annähern. In den 1980er Jahren sah das schon wieder anders aus. Zwar konnten viele Menschen dank neuer Häuser endlich in eine bessere Wohnung

ziehen. Aber mit der Versorgung ging es erneut bergab. In den Geschäften fehlten wieder häufiger alle möglichen Dinge. Das lag daran, dass die DDR so hoch verschuldet war und kurz vor der Pleite stand. Auch viele Altstädte wurden immer gammeliger, weil die dringend nötigen Reparaturen zu teuer waren. Die Menschen wurden immer frustrierter.

Dazu kam das, was viele schon so lange störte: Sie konnten nicht in der Politik mitbestimmen oder offen ihre Meinung sagen, sie wurden von der Stasi bespitzelt und konnten wegen Nichtigkeiten im Gefängnis landen. Außerdem sahen die DDR-Bürger im West-Fernsehen all die Dinge, die sie sich in der DDR nicht kaufen konnten, und all die

Die Stasi überwachte viele Bürger der DDR.

Länder, in die sie nicht reisen durften. Zwar ging es ihnen im Vergleich mit den Ländern der Sowjetunion trotzdem sehr gut – aber sie wollten sich nicht mit der Sowjetunion vergleichen, sondern mit der anderen Hälfte Deutschlands.

Ida, 10: Wenn alle so unzufrieden waren – wieso flohen nicht einfach alle in den Westen?

Dafür gibt es verschiedene Gründe. Der wichtigste – der oft vergessen wird: Vielen ging es in der DDR gar nicht so schlecht, dass sie weg wollten. Denn nicht jeder hatte unter Verfolgung durch die Stasi zu leiden. Viele hatten sich mit den meisten Mängeln und sogar mit der fehlenden Demokratie abgefunden. Dazu kamen Menschen, die eigentlich gern geflohen wären, aber in der DDR Freunde und Familien hatten, die sie nicht zurücklassen wollten. Außerdem war eine Flucht sehr gefährlich, man konnte dabei im Gefängnis landen oder sogar sterben. Und dann gab es auch noch die, die ganz bewusst Widerstand gegen die Regierung leisten wollten. Für ihre Rechte kämpfen, demonstrierend auf die Straße gehen und vielleicht sogar andere Menschen mitreißen konnten sie nur innerhalb der DDR. Deshalb blieben sie.

Wie lief es in der DDR-Politik Anfang der 1980er?

Noch immer hatte die SED ganz allein das Sagen in der DDR. Erich Honecker war insgesamt ganz zufrieden damit, wie es für seinen Staat lief. Aber seit längerer Zeit gab es ein Riesenproblem, das den ganzen Staat bedrohte: Die Geschenke, die die DDR ihren Bürgern seit Jahren

Anfang der 1980er Jahre war die Staatskasse der DDR endgültig leer.

in Form von billigen Mieten und Grundnahrungsmitteln gemacht hatte, hatten die Staatskasse gähnend leer werden lassen. Mehr noch! Die DDR hatte dafür einen großen Berg Schulden angehäuft. Trotzdem machte die Parteispitze der SED einfach weiter wie bisher. Und die Probleme (von denen die leere Staatskasse nur das größte war) wurden immer mehr.

Wie war das Verhältnis zwischen DDR und Bundesrepublik?

Seit den 1970ern hatte sich langsam einiges im Verhältnis der Bundesrepublik zur DDR (man sagt auch, im „deutsch-deutschen" Verhältnis) verbessert: Die beiden Staaten hatten mittlerweile fast schon ein normales Verhältnis zueinander – das wäre noch ein paar Jahre zuvor kaum denkbar gewesen. Und auch andere westliche Politiker begannen, die DDR als richtigen Staat zu betrachten. Honecker wurde sogar zu einem offiziellen Besuch in die Bundesrepublik eingeladen. Umgekehrt reisten viele Politiker und Wirtschaftsleute aus der Bundesrepublik in die DDR, um mit den Machthabern dort Gespräche zu

Staats-Chef Erich Honecker freute sich, als er endlich zu einem offiziellen Besuch in die Bundesrepublik kommen durfte. Er war dort nun endlich als Staats-Chef anerkannt.

Peter besucht Paul jetzt manchmal in Ost-Berlin. Die beiden reden dann oft über alte Zeiten.

verschiedenen Themen zu führen. Außerdem lieh die Bundesrepublik der DDR große Mengen Geld, um sie so vor der Pleite zu bewahren. (Mehr dazu könnt ihr ab Seite 87 noch mal nachlesen.) Und immer mehr ganz normale Menschen aus der Bundesrepublik fingen an, zu Besuch in die DDR zu fahren.

Durch den zunehmend engeren Kontakt zwischen der Bundesrepublik und der DDR bekam die DDR-Regierung allerdings ein neues Problem: Das Feindbild vom „bösen Westen“, das sie in all den Jahren versucht hatte aufzubauen, funktionierte nicht mehr richtig. Selbst viele Menschen, die vorher wirklich geglaubt hatten, dass im Westen

Willy Brandt

alles schlecht sei, glaubten das nun immer weniger. Deswegen hatte die DDR-Regierung schon in den 1970ern versucht, sich anders abzugrenzen. Sie strich nach und nach das Wort „deutsch“ aus dem Alltag, damit es zumindest dem Namen nach keine Verbindung mehr zur Bundesrepublik gab: Aus dem „Deutschlandsender“ wurde die „Stimme der DDR“, und in der Verfassung wurde der Satz „Die Deutsche Demokratische Republik ist ein sozialistischer Staat *deutscher Nation*“ in „Die Deutsche Demokratische Republik ist ein sozialistischer Staat der *Arbeiter und Bauern*“ umgeschrieben.

Selbst die DDR-Hymne durfte seit den 1970ern nur noch gesummt werden, denn in ihr kam die Liedzeile „Deutschland, einig Vaterland“ vor.

Eines sagten die DDR-Politiker ganz klar: Eine Vereinigung der zwei Deutschlands zu einem gemeinsamen Staat kam für sie nur dann in die Tüte, wenn Westdeutschland so würde wie die DDR. Doch daran glaubte niemand, selbst die DDR-Politiker nicht. Tatsächlich wollten die SED-Führer am allerliebsten, dass die DDR eigenständig blieb. Damit hatte sich die Meinung im Vergleich zum Anfang der DDR-Zeit komplett gewandelt: Die DDR-Politiker damals hatten noch viel von einer möglichen Wiedervereinigung Deutschlands gesprochen.

Helmut Schmidt

Auch zwei deutsche Bundeskanzler besuchten im Laufe der Jahre die DDR.

Das Schicksalsjah

Es ist Spätsommer 1989. Immer mehr Menschen in der DDR wollen, dass sich etwas in ihrem Land ändert. Luise fährt mit der Bahn nach Leipzig, denn sie will an den großen Demonstrationen dort teilnehmen. Paul macht sich Sorgen um seine Tochter, denn Demonstrationen werden vom Staat ja häufig mit Gewalt bekämpft. Aber schon vorher sind wichtige Dinge geschehen, die die Menschen aufgerüttelt haben.

Gorbatschow versprach „Offenheit und Umgestaltung" in der Sowjetunion

Im Jahr 1985 kam ein wichtiger Mann ins Spiel: Michail Gorbatschow. Er war gerade in Russland Chef der Partei KPdSU und damit Chef der ganzen Sowjetunion geworden. Gorbatschow sah, dass es um die Wirtschaft der sowjetischen Staaten und der DDR nicht gut stand: Die Maschinen in den Fabriken waren alt und funktionierten teilweise nicht mehr richtig, die Forschung an neuen Produkten hinkte hinterher. Gegen die Konkurrenz aus dem Westen hatten die Unternehmen aus der DDR und der Sowjetunion keine Chance mehr. Gorbatschow ahnte auch, dass die Sowjetunion den Kalten Krieg, also das Wettrüsten mit dem Westen, irgendwann verlieren würde.

Michail Gorbatschow

Steckbrief: Michail Gorbatschow (*1931)

- war von 1985–1991 Regierungs-Chef der Sowjetunion
- veränderte die Politik der Sowjetunion nach dem Motto „Glasnost und Perestroika“– das ist Russisch für „Offenheit und Umgestaltung“
- half, den Kalten Krieg zu beenden
- erhielt dafür 1990 den Friedensnobelpreis

Gorbatschow krempelte vom ersten Moment seiner Regierungszeit an die komplette Sowjetunion um: Er wollte den Menschen dort mehr Freiheit geben und sie stärker mitbestimmen lassen. Er hob zum Beispiel die Zensur auf. Das heißt, in Zeitungen, Büchern, im Radio und im Fernsehen durften die Journalisten endlich ihre wahre Meinung sagen und schreiben, anstatt immer nur zu wiederholen, was die Regierung ihnen vorgab. Das war in der Sowjetunion, genau wie in der DDR, die ganze Zeit nicht möglich gewesen. Außerdem trug Gorbatschow viel dazu bei, dass die meisten Raketen, die im Kalten Krieg von der Sowjetunion und den USA quer durch Europa stationiert worden waren, abgebaut wurden.
Die Ideen und Taten von Gorbatschow beeindruckten nicht nur die Menschen in der Sowjetunion. Auch in der DDR fühlten sich durch ihn immer mehr Menschen ermutigt, ihre Freiheit einzufordern, und bekamen wieder Hoffnung, dass sich auch in der DDR etwas verändern könnte. Schließlich hatte die DDR-Regierung in all den Jahren immer die Sowjetunion als großes Vorbild betrachtet und alles getan, was die Chefs dort vorgeschrieben hatten.
Diesmal sah das allerdings genau andersherum aus: Zwar stimmten die SED-Chefs dem Abbau der Waffen gerne zu. Aber mehr Freiheit für die Menschen? Das war ihnen nicht geheuer. Sich hierbei Gorbatschows Ideen anzuschließen, hätte für die SED-Chefs nämlich bedeutet, dass sie etwas von ihrer Macht hätten abgeben müssen. Deshalb waren sie gegen diese Ideen.
Während also überall in der Sowjetunion eine Menge passierte, blieb in der DDR alles beim Alten. Das enttäuschte viele Bürger und sogar auch viele SED-Mitglieder.

Mai 1989: Der Wahlbetrug der SED wurde öffentlich

Von Anfang an hatte die Partei SED bei jeder Wahl fast hundert Prozent aller Wählerstimmen bekommen – völlig egal, wie gut oder schlecht ihre Politik gerade war. Kommt euch das seltsam vor? Genauso ging es auch vielen Menschen in der DDR. Denn obwohl es ihnen schwer gemacht wurde, gegen die SED zu stimmen, taten das trotzdem immer wieder so einige.

Bei Wahlen im Mai 1989 wollten Bürgerrechtler es diesmal genau wissen: Sie ermutigten viele Wähler, gegen die SED zu stimmen. Wenn die SED trotzdem wieder fast alle Wählerstimmen bekommen würde, wäre klar, dass bei der Auszählung der Stimmen etwas nicht mit rechten Dingen zuging. Am Wahltag beobachteten die Bürgerrechtler

Egon Krenz war mitverantwortlich für den Wahlbetrug im Mai 1989. Sieben Wochen lang war er ab Oktober 1989 der letzte Staats-Chef der DDR.

in verschiedenen Wahllokalen ganz genau das Geschehen. An der Zahl der Menschen, die zum Abstimmen in die Wahlkabine gingen, konnten sie ungefähr ausrechnen, wie viele Gegenstimmen die SED mindestens bekommen müsste. In die Wahlkabine musste man nämlich nur, wenn man gegen die SED stimmen wollte. Manche Wahlbeobachter sahen, wie Stimmen gegen die SED einfach nicht gezählt oder Kisten mit Wahlzetteln aufgebrochen wurden.

Bürgerrechtler sind Menschen, die mutig für mehr Rechte und Freiheiten eintreten – selbst wenn sie dabei riskieren, zum Beispiel im Gefängnis zu landen.

Das offiziell verkündete Ergebnis der Wahl war auch diesmal wieder eindeutig: 98,85 Prozent der Stimmen gingen an die SED. Den Bürgerrechtlern war nun klar: Das konnte einfach nicht stimmen! In Ost-Berlin zum Beispiel hatten sie bei ihren Beobachtungen Gegenstimmen von bis zu 20 Prozent errechnet. Damit hatten sie zum ersten Mal bewiesen, dass die SED ihr Volk nach Strich und Faden belog und betrog. Sie protestierten daraufhin öffentlich und versuchten sogar, die Wahlfälschung anzuzeigen – natürlich ohne Erfolg.

Paul hat sich nie getraut, gegen die SED zu stimmen. Dass die Partei die Wahlergebnisse fälscht, macht ihn trotzdem sauer.

Stattdessen landeten viele der Bürgerrechtler selbst im Gefängnis. Aber sie hatten allemal Aufsehen erregt und weitere Menschen ermutigt, sich ebenfalls gegen ihre Regierung zu stellen.

Dass die SED bei den Wahlen betrogen hat, ist bekannt. Wie viele Stimmen sie gefälscht hat, und wie viele Wähler wirklich für die SED stimmten, weiß niemand genau – bis heute nicht.

Immer mehr Menschen flohen – vor allem über die Botschaften der Bundesrepublik

Im Sommer 1989 flohen die Menschen zu Zehntausenden aus der DDR. Denn viele waren sehr enttäuscht, nachdem sie erkannt hatten, dass Gorbatschows Ideen in der DDR nichts verändern würden. Als sie dann auch noch von dem Wahlbetrug erfuhren, verloren sie jedes Vertrauen in ihre Regierung. Viele dieser Menschen reisten also erst mal in Länder, in die sie reisen durften. Zum Beispiel nach Ungarn, Polen oder Tschechien. Dort gingen sie zu den Botschaften der Bundesrepublik, weil sie hofften, so in den Westen zu gelangen.

Lukas, 10: Was ist eine Botschaft?

Für jedes Land ist es sehr wichtig, mit anderen Ländern der Welt in engem Kontakt zu stehen. Deshalb hat auch unser heutiges, vereintes Deutschland in sehr vielen Ländern „Botschaften". So eine Botschaft soll die Interessen der Bundesregierung im Ausland vertreten. Das heißt: Der deutsche Botschafter berichtet den Politikern in dem Land, welche Meinung die deutsche Regierung zu bestimmten Themen hat. Wenn Deutsche im Ausland Probleme haben – zum Beispiel, weil sie im Urlaub ihren Pass verloren haben –, kann ihnen die deutsche Botschaft helfen und ihnen einen neuen Pass ausstellen. Andere Länder haben umgekehrt auch in Deutschland eine Botschaft.
Das Besondere an einer Botschaft ist auch: Auf dem Gelände der Botschaft gelten die Regeln des Botschaftslandes. In der deutschen Botschaft im tschechischen Prag gilt also deutsches Recht und nicht das Recht Tschechiens. Und das, obwohl die Botschaft eigentlich mitten in Tschechien steht. Das hieß für die ostdeutschen Menschen damals: Wenn sie es in eine Botschaft der Bundesrepublik Deutschland schafften, waren sie selbst in einem Land, das gut mit der DDR befreundet war, sicher vor Verfolgung aus der DDR.

Viele DDR-Flüchtlinge schafften es in die Botschaft von Prag. Dort stapelten sich die Menschen fast, so eng war es. Wochenlang harrten sie zeltend auf dem Botschaftsgelände aus.

Die SED steckte zur selben Zeit mitten in den Vorbereitungen für den 40. Geburtstag der DDR am 7. Oktober 1989. Medien auf der ganzen Welt sollten über die prunkvolle Feier berichten. Dass westliche Medien stattdessen flüchtende DDR-Bürger, die in verschiedenen Botschaften auf ihre Ausreise hofften, zeigen könnten, passte der DDR-Regierung überhaupt nicht in den Kram. Zähneknirschend stimmte sie darum zu, dass die Menschen aus den Botschaften in die Bundesrepublik ausreisen dürften.

Im September 1989 öffnete die ungarische Regierung ihre Grenze nach Österreich. Das bekamen schnell viele Bürger in der DDR mit: In den nächsten Wochen flohen mehr als 25.000 Menschen über Ungarn in den Westen.

Der westdeutsche Politiker Hans-Dietrich Genscher sagt den Menschen in der Prager Botschaft, dass sie ausreisen dürfen. „Ihre Ausreise …“ – weiter kommt er nicht. Der Rest seiner Worte geht schon im Jubel der Menschen unter.

Menschen schlossen sich zu Protestgruppen zusammen

Seit Beginn der 1980er Jahre wollten immer mehr Menschen in der DDR öffentlich zeigen, dass ihnen etwas nicht passte. Das waren unterschiedliche Dinge: Die einen forderten mehr Umweltschutz, die anderen mehr Rechte für die Menschen. Viele setzten sich für den Frieden ein. Denn seit dem Ende der 1970er Jahre war der Kalte Krieg (was das ist, könnt ihr auf Seite 35 nachlesen) wieder schlimmer geworden. In vielen Teilen Europas hatten die Sowjetunion und die USA als Drohgebärde gefährliche Atomwaffen platziert.

Die Menschen demonstrierten für ganz unterschiedliche Dinge, aber sie hatten eins gemeinsam: Sie stellten sich gegen die Regierung.

In der DDR machte sich besonders die Kirche für den Frieden und gegen Atomwaffen stark. In Leipzig, der zweitgrößten Stadt der DDR, versammelten sich jeden Montag Menschen in Kirchen, um an Friedensgebeten und anschließenden friedlichen Protestmärschen den „Montagsdemonstrationen“, teilzunehmen. Die meisten von ihnen waren keine Christen, aber sie waren froh, dass sie zusammen mit den Kirchenleuten für Frieden und Freiheit demonstrieren konnten.

„Keine Gewalt!“, riefen sie der Polizei zu. Die Polizei rief immer wieder in ihre Megafone: „Hier spricht die Volkspolizei.“ Und die Demonstranten antworteten: „Wir sind das Volk!“ Damit wollten sie sagen, dass die Volkspolizei für ihr Volk da sein und es nicht angreifen sollte. Trotzdem wurden bei den Demos immer wieder Demonstranten brutal verprügelt und verhaftet.

Auch Luise macht immer wieder bei den Leipziger Montagsdemonstrationen mit.

Allerdings sorgte der 40. Jahrestag der DDR auch hier dafür, dass manche Dinge anders liefen als sonst: Weil kurz vor dem Jubiläum so viele Journalisten aus dem Ausland angereist waren, wollte die Regierung nicht zeigen, wie sie normalerweise mit Demonstranten umging. Also waren zwar sehr viele Polizisten und Soldaten vor Ort, aber so gewaltsam wie sonst durften sie diesmal nicht eingreifen.

Am 7. Oktober feierte die Regierung mit viel Tamtam den 40. Jahrestag der DDR. Abseits der Festplätze demonstrierten Tausende gegen sie.

Der 9. Oktober 1989

Nachdem die Jubiläumsfeier vom 7. Oktober und damit der große Medienrummel vorbei waren, wollte die SED-Führung ihre Macht zurückerobern. Für die nächste Montagsdemonstration am 9. Oktober hatte sie in Leipzig jede Menge Polizisten, Soldaten und Stasi-Mitarbeiter bereitgestellt. Mit Gewalt sollten sie gegen die Demonstranten vorgehen. Allerdings staunten sie nicht schlecht, als am Montag dann nicht nur die erwarteten paar Hundert, sondern mehr als 70.000 Menschen demonstrierten! Und alle waren friedlich. Die meisten hatten vorher an den Friedensgebeten in Leipziger Kirchen teilgenommen, trugen Kerzen und beteten.

Ein führender SED-Mann hat zu den Ereignissen vom 9. Oktober später gesagt: „Wir waren auf alles vorbereitet, wir hatten für alles einen Einsatzplan, wir waren nur nicht vorbereitet auf Kerzen und Gebete."

Die versammelten Einsatzkräfte griffen die Demonstranten nicht an, sodass diese weiter mit Plakaten und Sprechgesänge rufend durch die Straßen laufen und laut ihre Meinung verkünden konnten. Dieser Abend war der Durchbruch der Demonstranten gegen die Regierung.

In der Leipziger Nikolaikirche hatten sich Montag für Montag immer mehr Menschen zu Friedensgebeten versammelt.

Mauerfall und der Weg z

Die Jahre
1989–1990

Die wichtigsten Daten im Überblick:

18. Oktober 1989:	Erich Honecker tritt zurück
4. November 1989:	größte Massendemonstration in der Geschichte der DDR
9. November 1989:	Mauerfall
3. Dezember 1989:	Rücktritt des neuen SED-Chefs Egon Krenz und seiner Regierung
18. März 1990:	erste freie Wahlen in der DDR
1. Juli 1990:	Einführung der D-Mark in der DDR
3. Oktober 1990:	Ende der DDR, Wiedervereinigung

Peter und Paul verfolgen gebannt, was gerade in der DDR passiert. Paul ist verunsichert: Was bedeutet all dieser Aufruhr auf den Straßen für ihn und für die Zukunft seiner Familie? Peter drückt, wie viele andere „Wessis", den Menschen in der DDR die Daumen, dass die Aufstände ihnen mehr Freiheit bringen werden. Niemand ahnt auch nur, was in den nächsten Tagen und Monaten geschehen wird ...

Wie kam es zum Mauerfall?

Am 9. Oktober 1989 liefen letztendlich mehr als hunderttausend Menschen friedlich demonstrierend durch die Leipziger Straßen. Mit ihrem Ruf nach Freiheit steckten sie die Menschen in der gesamten DDR an: Im ganzen Land begannen sie, gegen ihre Regierung zu protestieren. Die Parteiführung überlegte fieberhaft, wie sie ihre Macht noch retten könnte. Ihre Lösung: Sie setzte ihren Partei-Chef Honecker ab. Sein Nachfolger, der neue Staats-Chef Egon Krenz, versprach den Bürgern eine „Wende“ – bis auf ein paar Entlassungen von führenden SED-Leuten passierte allerdings eher wenig.

Emily, 12: Was war eigentlich die „Wende“?

Als Wende bezeichnet man eine ganze Zeitspanne gegen Ende der DDR, meist den Zeitraum vom Mai 1989 bis zur ersten und einzigen freien DDR-Wahl im März 1990. Der neue Staats-Chef Egon Krenz hatte diesen Begriff zwar als Erster benutzt, heute versteht man darunter aber die Wende von der Alleinherrscher-Macht der Partei SED hin zur Macht des Volkes.

Zumindest hörten die Polizei und die Stasi unter Krenz' Leitung auf, offene Gewalt gegen die Demonstranten anzuwenden. Woche für Woche demonstrierten jetzt mehr Menschen mit. Am 4. November schließlich gingen in Ost-Berlin rund eine Million Menschen für ihre Freiheit auf die Straße – fast so viele, wie in der ganzen Stadt lebten. Das war die größte Demonstration in der Geschichte der DDR!

Am 4. November fand die größte Demonstration der DDR-Geschichte statt.

Bei diesen großen Demonstrationen forderten die Menschen *nicht*, dass Deutschland wieder vereint würde! Sie wollten Verbesserungen für die Bürger der DDR: echte, freie Wahlen, das Recht, ihre Meinung offen sagen zu dürfen, Reisefreiheit und dass Zeitungen, Radio- und Fernsehsender nicht mehr vom Staat kontrolliert würden. Die DDR ganz abschaffen? Das konnten sich die meisten damals noch gar nicht vorstellen!

Die Regierung überlegte, wie sie das Volk beruhigen könnte. Sie dachte sich: „Wenn die Leute frei in andere Länder reisen dürfen, haben wir einen Teil ihrer Forderungen erfüllt. Vielleicht hören sie dann mit den

Demonstrationen auf." Die Regierung wollte aber verhindern, dass dann alle Menschen gleichzeitig aus der DDR in den Westen strömten. Deshalb sollte man nur mit einem Reisepass ins Ausland reisen dürfen. Einen solchen Pass hatten die wenigsten. Daher würden sie ihn in den nächsten Wochen erst mal beantragen müssen. „Wie praktisch", dachte die Regierung, „so verschaffen wir uns Zeit." Zusätzlich bestimmte sie: „Die Menschen müssen sich eine schriftliche Genehmigung besorgen. Wenn sie diese Genehmigung zusammen mit dem Pass an der Grenze vorzeigen, dürfen sie in den Westen reisen." Diese neue Regel sollte ab dem 10. November gelten.
Am Abend davor, am 9. November, hatte die SED die Journalisten aus West und Ost zu einer Informationsveranstaltung eingeladen. Auf der Bühne saß ein hoher SED-Mann, Günter Schabowski. Der erzählte ganz beiläufig vor laufenden Kameras von den neuen Reiseregeln. Die Journalisten vor Ort trauten ihren Ohren nicht. Einer fragte: „Ab wann sollen die neuen Regeln gelten?" Schabowski zögerte, schaute auf seinen Zettel und antwortete: „Nach meiner Kenntnis … ist das sofort, unverzüglich." Was danach passieren würde, ahnte sicher weder Günter Schabowski noch irgendjemand sonst auf der Pressekonferenz. Um 20 Uhr meldete die westdeutsche Tagesschau im Fernsehen: „Die Mauer ist geöffnet." Das mit den Reisepässen und Genehmigungen ging völlig unter. Die Menschen hörten nur: „Die Grenze ist offen! Sofort!"

Tausende liefen los oder setzten sich in ihr Auto, um zur nächsten Grenze zu fahren, egal ob in Berlin oder anderswo in Deutschland. Angekommen, war die Enttäuschung erst einmal groß: Alles war wie immer. Klar, denn die Grenzposten wussten ja von nichts und waren nun ganz verunsichert, was sie tun sollten. Besonders an den Grenzübergängen zwischen Ost- und West-Berlin waren sie völlig überfordert, als plötzlich Tausende Frauen und Männer vor der Schranke standen und riefen: „Macht das Tor auf!“ Die Grenzpolizisten an vielen Kontrollpunkten wussten nicht weiter. Sie riefen ihre Vorgesetzten an, aber die konnten ihnen auch nichts sagen.

Der Chef des Grenzübergangs Bornholmer Straße in Ost-Berlin sagte irgendwann entnervt: „Wir fluten jetzt“ und öffnete die Tore. Die DDR-Bürger strömten nur so an den Grenzposten vorbei und wurden auf der anderen Seite von jubelnden Westdeutschen empfangen.
„Wahnsinn!“, schrien alle. Und: „Wir sind frei!“ Nachdem der eine Grenzübergang geöffnet war, öffneten auch die anderen und ließen die DDRler in den Westen. Damit war die Grenze zwischen den beiden deutschen Staaten nach fast 30 Jahren geöffnet, und zwar für immer. Sozusagen aus Versehen.

Endlich frei!

Nicht nur Peter und Paul sind am 9. November 1989 überglücklich: Noch in dieser Nacht kletterten unzählige Menschen auf die Berliner Mauer und fingen an, mit Hämmern und Spitzhacken auf sie einzuschlagen.

Dieses wichtige Ereignis wird als „Mauerfall“ bezeichnet. Das ist aber nur symbolisch gemeint. Die Berliner Mauer fiel natürlich nicht wirklich um, und sie wurde an diesem Tag auch nicht abgerissen. Mit dem Abriss begann man erst mehr als ein halbes Jahr später im Juni 1990.

Was passierte direkt nach dem Mauerfall in der Politik?

Für die Partei SED bedeutete der Fall der Mauer: Sie hatte nun absolut keine Macht mehr über das Volk der DDR. Schließlich hatten die SED-Spitzenpolitiker all die Jahre nur deshalb so regieren können, wie sie es wollten, weil die Menschen in der DDR nichts dagegen tun konnten: Sie waren ja eingeschlossen gewesen!

Innerhalb der nächsten Tage und Wochen mussten fast überall in der DDR die führenden SED-Leute gehen, unter ihnen auch die komplette Regierung und der noch ganz frische Staats-Chef Egon Krenz. Hunderttausende Menschen traten innerhalb nur eines Monats aus der SED aus. Auch die Blockparteien (also der Zusammenschluss der größten Parteien – das erklären wir auf Seite 26) gehorchten der SED nicht mehr, sondern forderten freie Wahlen.

Die noch verbliebenen Mitglieder der SED überlegten, ob sie die Partei auflösen sollten, entschieden sich dann aber dagegen. Sie benannten sich um: „SED – Partei des demokratischen Sozialismus“ wollten sie jetzt heißen. Von diesem neuen Namen blieb später nur noch die Abkürzung PDS übrig.

Da lächeln sie noch. Nach dem Mauerfall trat das Politbüro mit der ganzen Staatsführung der DDR geschlossen zurück.

Wie fühlten sich die DDR-Bürger direkt nach dem Mauerfall?

Sehr viele waren richtig erleichtert, als sei eine große Last von ihnen genommen worden: Endlich fühlten sie sich frei! Die Regierung und die Stasi hatten keine Macht mehr über sie. Gleich nach dem Mauerfall besuchten Millionen DDR-Bürger sofort den Westen Deutschlands. Die meisten waren sehr beeindruckt davon, wie gut es den Menschen dort zu gehen schien. Mit einem Mal hatten sie gar nicht mehr den Wunsch, in einer DDR mit neuen, besseren Regeln zu leben: Sie wollten auch zur Bundesrepublik gehören. Deshalb hörten viele nicht auf zu demonstrieren, sondern gingen weiter auf die Straße. Aus dem Ruf „Wir sind das Volk“ wurde „Wir sind EIN Volk“. Damit zeigten die Menschen der DDR, dass sie ein vereintes Deutschland haben wollten.

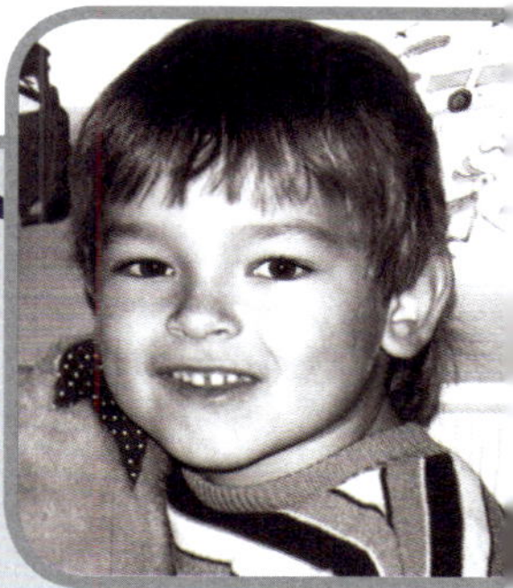

© privat

Zeitzeuge Mathias K.:

„Ich kann mich noch genau an meinen ersten Besuch im Westen erinnern, da war ich fünf. Alles im Westen schien zu glitzern und sah so neu und bunt aus! Wir Kinder waren vor allem von den bunten Plastikspielsachen total begeistert. Aber am meisten haben mich die automatischen Schiebetüren in den Supermärkten beeindruckt. So was hatte es in unserer ostdeutschen Kleinstadt nicht gegeben. Natürlich nutzte sich diese Begeisterung schnell ab, aber der erste Eindruck war der eines Wunderlands.“

Mathias interessiert sich auch heute noch sehr für die Geschichte der DDR. Als Jugendlicher hat er sogar mal einen Preis für einen Radiobeitrag zu dem Thema bekommen.

Wie kam es dazu, dass Deutschland wieder vereint wurde?

Ob aus der DDR und der Bundesrepublik wieder ein Deutschland werden könnte, dazu hatten sich Politiker in den beiden Teilen Deutschlands immer wieder Gedanken gemacht. Aus der DDR hieß es in den letzten Jahren vor dem Mauerfall: „Kommt gar nicht infrage!“ In der Bundesrepublik dagegen fanden viele Politiker: „Irgendwann bestimmt!“ Konkrete Pläne dazu hatten sie aber auch nicht. Kurz bevor die Mauer fiel, sah es nicht danach aus, als könnte so ein gemeinsames Deutschland bald Wirklichkeit werden. Aber der Mauerfall änderte alles. Die Frage in Ost und West war ganz plötzlich nur noch: „Wie?“ Und vor allem: „Wie schnell?“

Im März 1990 fanden die ersten freien Wahlen der DDR statt. An der neuen Regierung waren die Ost-CDU und die neu gegründete Ost-SPD beteiligt. Die meisten Wähler hatten damit für Parteien gestimmt, denen sie am ehesten eine schnelle Wiedervereinigung zutrauten. (Die PDS, also die ehemalige SED, bekam immerhin noch die Stimme jedes sechsten DDR-Wählers.)

Als der westdeutsche Bundeskanzler Helmut Kohl im Dezember 1989 die DDR besuchte, jubelten die Menschen ihm zu und forderten von ihm lautstark, aus den zwei Deutschlands endlich wieder eins zu machen. Kohl dachte sich: „Jetzt oder nie.“ Er setzte alles daran, die deutsche Einheit so schnell wie möglich auf den Weg zu bringen. Davon hätte schließlich auch die Bundesrepublik was. Dort hoffte

man nämlich: Wenn in Ost und West gleiche Bedingungen herrschten, würden die Menschen nicht mehr massenweise aus dem Ostteil Deutschlands in die Bundesrepublik ausreisen. Denn die DDR-Flüchtlinge brauchten im Westen Wohnungen und Arbeit, und von beidem hatte die Bundesrepublik nicht genug. Das war inzwischen ein echtes Problem geworden.
Beim Thema „Wiedervereinigung" konnten allerdings die zwei deutschen Staaten nicht allein bestimmen. Hier hatten die Siegermächte von 1945 ein Wörtchen mitzureden: Großbritannien, Frankreich, die USA und natürlich die Sowjetunion. Vor allem Frankreich und Großbritannien waren von der Idee nicht besonders begeistert: Ausgerechnet das Land, das damals den Zweiten Weltkrieg begonnen hatte, sollte jetzt wieder vereint und womöglich bald so stark wie vorher dastehen? Nein, danke … Aber nach viel Überzeugungsarbeit und Verhandlungen stimmten dann doch alle drei Westmächte zu. Der härteste Brocken war die Sowjetunion. In einem langen, persönlichen Gespräch schaffte es schließlich Bundeskanzler Kohl, auch vom Chef der Sowjetunion Michail Gorbatschow ein „Ja" zur Deutschen Einheit zu bekommen.

Am 1. Juli 1990 wurde die D-Mark in der DDR eingeführt. Endlich konnten sich viele Ostbürger die lang ersehnten Westprodukte kaufen.

Im Juni 1991 beschlossen die von allen Deutschen gewählten Politiker, dass Berlin wieder die Hauptstadt Deutschlands werden sollte. Nach und nach zogen die meisten Politiker mit ihren Büros aus Bonn in die neue Hauptstadt.

Genau um Mitternacht am 3. Oktober 1990 hörte die DDR auf zu existieren. Nach der ersten gesamtdeutschen Bundestagswahl im Dezember 1990 wurde Helmut Kohl der erste Bundeskanzler des vereinigten Deutschlands.

Saskia, 11: Was passierte nach dem Mauerfall mit der Stasi?

Die Stasi, also das Ministerium für Staatssicherheit, wurde Anfang 1990 aufgelöst. Die Mitarbeiter dort versuchten schnell, alle Beweise für das, was sie getan hatten, zu vernichten. Aber verräterischer Qualm aus den Stasi-Zentralen in Ost-Berlin und anderswo hatte Menschen misstrauisch gemacht. Sie stürmten in die Gebäude und verhinderten so, dass noch mehr Akten geschreddert oder verbrannt wurden. Deshalb sind heute im Stasi-Archiv mehr als 100 Kilometer Akten, 1,4 Millionen Fotos und unzählige Videos und Tonbänder zu finden. Heute darf sich jeder ehemalige DDR-Bürger anschauen, ob und was über ihn gesammelt wurde. Manche sind ziemlich schockiert, denn plötzlich erfahren sie, dass ihr netter Nachbar in Wirklichkeit für die Stasi gearbeitet und sie ausgespäht hat.

Der Reichstag in Berlin

Woran lag es denn nun, dass die DDR zusammenbrach?

Ganz so einfach ist das nicht zu sagen! Einen Hauptgrund kann man vielleicht etwa so in einen Satz packen: Weil der Sozialismus gescheitert war.

Das mit dem Sozialismus war ja in den Augen vieler grundsätzlich eine sehr gute, gerechte Idee gewesen. Der Grundgedanke war: Alle Menschen sind gleich, alles gehört dem Volk, und das Volk hat die Macht. Doch die Wirklichkeit sah leider ganz anders aus. Denn in der DDR waren nicht alle gleich. Wenige Politiker bestimmten über das ganze Land, und das Volk hatte keine Rechte. Ein weiterer Grund, warum die DDR scheiterte, hatte mit Geld und der Wirtschaft zu tun: Die Planwirtschaft war nicht so erfolgreich, wie die DDR-Regierung sie anpries. Es gab oft zu wenig zu kaufen, und das Wenige war dann häufig unmodern oder zu teuer. (Was Planwirtschaft ist, könnt ihr ab Seite 47 nachlesen.) Hinzu kamen die gigantischen Schuldenberge, die die DDR angehäuft hatte. Manche Experten sagen heute: Selbst wenn es nicht die Demonstrationen der Bürger gegeben hätte, wäre die DDR irgendwann wohl einfach pleite gegangen.

Wer aber dafür verantwortlich war, dass die Regierung gestürzt wurde, ist eindeutig: das Volk der DDR! Es ist nicht nur etwas ganz Besonderes, dass die Menschen es schafften, sich gemeinsam gegen ihre

Regierung aufzulehnen und sie zu stürzen. Das, was diesen Umsturz so besonders macht, ist vor allem eines: Das Volk wehrte sich ausschließlich, indem es gemeinsam in großen Massen auf die Straße ging. Ohne Waffen, ohne Gewalt. Deswegen nennt man diesen Aufstand des Volkes auch die „Friedliche Revolution".

Wie ging es nach der Deutschen Einheit weiter?

Während kurz nach dem Mauerfall die Freude in Ost- und Westdeutschland riesig gewesen war, kehrte bald der Alltag und damit ziemlicher Missmut auf beiden Seiten ein. Die Menschen im Westen und im Osten Deutschlands hatten in den Jahren zuvor ganz verschiedene Erfahrungen in ihrem Alltag gemacht und tickten deswegen unterschiedlich. Sie verstanden einander nicht mehr so gut wie vor der Trennung Deutschlands.

Es gab viele Vorurteile zwischen den „Wessis" aus der Bundesrepublik und den „Ossis", also den ehemaligen DDR-Bewohnern. Die „Wessis" fanden, dass sie viel Geld von ihren Steuern bezahlen mussten, um den „Ossis" zu einem guten Leben zu verhelfen. Manche sagten: zu viel. Viele Ostdeutsche hingegen fanden die Menschen aus dem Westen ziemlich arrogant, weil sie ihnen das Gefühl gaben, sie seien plötzlich nur noch „Deutsche zweiter Klasse". Außerdem hatten sie den Eindruck, die Menschen im Westen seien egoistischer und mehr auf ihren eigenen Vorteil bedacht als die im Osten. Klar: In der DDR war es immer wichtig gewesen, zusammenzuhalten und sich bei

der mangelnden Versorgung durch den Staat gegenseitig zu unterstützen. Ein so starkes Gemeinschaftsgefühl war im Westen einfach gar nicht entstanden, dort kümmerte sich also jeder mehr um sich.
Weil die „Ossis“ diejenigen waren, deren Land es nicht mehr gab, erwarteten viele Westdeutsche, dass sie sich nun schnell an das Leben im Westen anpassen sollten. Das fiel vielen Ostdeutschen aber gar nicht so leicht. Alles, was sie kannten, war ja innerhalb kürzester Zeit umgekrempelt worden! Und nicht nur das. Plötzlich galt alles aus der DDR als minderwertig: nicht nur die Leitung des Staates durch die Regierung, sondern auch die Wirtschaftsform Planwirtschaft, die DDR-Produkte, sogar das, was die Menschen in der Schule oder Ausbildung gelernt hatten. Viele Menschen waren deshalb unsicher. Vor allem diejenigen, die es geschafft hatten, sich in der DDR mit Geschick und Energie ein gutes Leben aufzubauen, und die sich in ihrem Land ganz wohl gefühlt hatten. Als es die DDR nicht mehr gab, bekamen sie den Eindruck, alles, was sie für sich erreicht hatten, sei nichts mehr wert.
Außerdem fehlten in der Zeit nach der Wende viele Arbeitsplätze: Die meisten ostdeutschen Fabriken hatten veraltete Maschinen und konnten neben den modernen westdeutschen Unternehmen kaum bestehen. Dazu kam, dass plötzlich viele Menschen die Ostprodukte aus den Fabriken nicht mehr haben wollten, sondern lieber die neuen Produkte aus dem Westen kauften. Die Ostfabriken bekamen also kaum noch Aufträge. Viele gingen pleite, und die zahllosen Menschen, die in

Niemand wollte mehr die gewohnten DDR-Produkte kaufen.

den Unternehmen gearbeitet hatten, verloren ihre Jobs. Arbeitslosigkeit – das hatte es in der DDR so gut wie gar nicht gegeben!
Und: Kaum etwas von dem, was die ehemaligen DDR-Bürger aus ihrer Heimat kannten und schätzten, war in das vereinte Deutschland übernommen worden. Nicht nur, dass es keine Garantie mehr auf einen Arbeitsplatz gab, auch keiner der vertrauten Radio- oder Fernsehsender aus der DDR blieb bestehen.
Und trotzdem: Sehr viele Menschen, die vorher in der DDR gelebt hatten, waren froh und glücklich über die deutsche Einheit. Sie freuten sich, dass sie nun den Beruf lernen konnten, den sie sich wünschten. Sie genossen die Freiheit, ihre Meinung sagen zu können – ganz ohne Angst vor Verfolgung. Und sie fanden es schön, reisen zu können, wohin sie wollten (selbst dann, wenn weite Reisen für viele erst mal nur ein Traum blieben). Für all diese Menschen war die deutsche Einheit eine riesengroße Chance.

Und wie sieht es heute aus?

Von der Berliner Mauer stehen nur noch wenige hundert Meter an der Originalstelle – als Erinnerung. Der Rest wurde zerstört oder stückweise als Souvenir in die ganze Welt verkauft. Auch von der Grenze quer durch Deutschland ist nur noch hier und da etwas zu sehen. Heute ist die DDR vor allem ein Stück deutsche Geschichte. Aber viele Erwachsene von heute haben ihre Kindheit und Jugend noch in diesem Land verbracht und können davon erzählen. Wenn ihr jemanden kennt, der in der DDR gelebt hat, fragt doch mal nach!

Im Rückblick ist das Leben im vereinten Deutschland sicher nicht so paradiesisch, wie es sich viele in der damaligen DDR erhofft haben. Es gibt auch heute noch in vielen Gebieten der ehemaligen DDR mehr Arbeitslosigkeit als im Westen. Manche Ostdeutsche, vor allem ältere, trauern den DDR-Zeiten nach. Wenn man allerdings mal alte Bilder von Häusern und Straßen im Ostteil Deutschlands mit Bildern von heute vergleicht, sieht man schnell: Es ist eine Menge passiert in den vergangenen Jahren! Ganze Orte, die vor 1990 halb verfallen waren, wurden auf Vordermann gebracht. Häuser wurden saniert, Straßen und Plätze ausgebessert und verschönert.

Vor allem denen, die zur Zeit des Mauerfalls noch Kinder waren, fiel es leicht, sich dem neuen Leben in der Bundesrepublik Deutschland anzupassen. Die, die sich eine gute Zukunft aufbauen konnten, sind heute froh, in Freiheit und ohne ständige Angst vor Unterdrückung leben zu können.

Pflastersteine in der Nähe vom Brandenburger Tor zeigen heute noch, wo die Mauer früher verlief.

Eine Liste mit vielen Gedenkstätten und Museen rund um die DDR findet ihr auf: www.bundesstiftung-aufarbeitung.de. Geht auf „Arbeitsfelder“, dann auf „Erinnerungsorte“ und „Linkliste“.

Chronik der deutschen Teilung und Wiedervereinigung

1939 bis 1945
Zweiter Weltkrieg

2. August 1945
Potsdamer Abkommen: Aufteilung Deutschlands in vier Besatzungszonen

22. April 1946
Gründung der Partei SED

23. Mai 1949
Gründung der Bundesrepublik Deutschland

4. April 1949
Gründung der NATO

7. Oktober 1949
Gründung der DDR

8. Februar 1950
Gründung der Stasi

3. April 1948

Marshall-Plan

20. Juni 1948

Währungsreform in den drei westlichen Besatzungszonen: Die D-Mark wird dort ab dem 21. Juni 1948 alleiniges Zahlungsmittel

23. Juni 1948

Neue Währung für den Osten: Ab jetzt wird nur mit Mark bezahlt.

24. Juni 1948 bis 12. Mai 1949

Blockade Berlins und Luftbrücke

1952

„Grüne Grenze“ quer durch Deutschland

5. März 1953

Stalin stirbt

17. Juni 1953

Volksaufstand in der DDR

9. November 1989

Mauerfall

3. Dezember 1989

Rücktritt des neuen SED-Chefs Egon Krenz und seiner Regierung

1. Juli 1990

Einführung der D-Mark in der DD

4. November 1989

Größte Massendemonstration in der Geschichte der DDR

18. Oktober 1989

Egon Krenz löst Erich Honecker als Staats-Chef ab

9. Oktober 1989

Friedliche Montagsdemonstration in Leipzig mit 70.000 Mensch

14. Mai 1955

Gründung Warschauer Pakt

13. August 1961

Mauer trennt West- und Ost-Berlin

3. Mai 1971

Erich Honecker lö
Walter Ulbricht al
Staats-Chef ab

3. Oktober 1990

Wiedervereinigung

7. Oktober 1989

40. Jahrestag der DDR

Sommer 1989

Zehntausende Menschen fliehen aus der DDR

11. März 1985

Michail Gorbatschow wird Chef der Sowjetunion

Mai 1989

Beginn der „Wende“: Der Wahlbetrug der SED wird öffentlich

Namens- und Sachregister